하루 10분
내면아이
치유하기

하루 10분 내면아이 치유하기

초판 1쇄 2021년 01월 26일

기획 김도사 | **지은이** 김상월 | **펴낸이** 송영화 | **펴낸곳** 굿웰스북스 | **총괄** 임종익

등록 제 2020-000123호 | **주소** 서울시 마포구 양화로 133 서교타워 711호

전화 02) 322-7803 | **팩스** 02) 6007-1845 | **이메일** gwbooks@hanmail.net

© 김도사, 김상월, 굿웰스북스 2021, *Printed in Korea*.

ISBN 979-11-972750-7-4 03180 | **값 15,000원**

INNER CHILD HEALING

하루 10분
내면아이
치유하기

김도사 기획 | 김상월 지음

굿웰스북스

프롤로그

사랑은 이미 나에게 있다

세상에 우연히 일어나는 일은 하나도 없다. 과거의 크고 작았던 성공과 실패들은 결국, 타인이 아니라 매 순간 나의 선택이었다. 그런데도 시시때때로 우리는 자책을 하거나 남의 탓을 하며 세상에서 가장 귀한 시간을 허비하면서 살았다. 사람들이 현재를 행복해하지 않으면서도 성공을 위해, 돈을 위해, 사랑을 위해, 노력하지 않는 이유는 뭘까? 그것은 바로 지금 현실을 벗어날 만큼 간절하지 않기 때문이다. '못 살겠다. 힘들다.'라는 푸념은 하면서 정작 잘못된 신념으로 익숙해진 현실을 벗어던지기가 귀찮은 것이다. 겁이 나는 것이다.

하지만 우리가 잘못된 가정환경으로 얼마나 많이 마음의 상처를 받고 살았는지 이 책을 통해 알게 될 것이다. 그 익숙함에 갇혀 살아간다면 당신의 삶은 지금보다 나아질 수 없다. 나는 내면아이의 상처 치유를 통해 내가 그동안 무엇 때문에 마음의 병을 앓고 살았는지 깨닫게 되었다. 이 책을 읽고 나면 어쩌면 지나온 당신의 삶이 억울해 울 수도 있다. 억울함에 분노할 수도 있다. 하지만 그래도 안전하다. 괜찮다. 이 책이 당신의 삶을 이제와는 다르게 바꿔줄 전환점이 될 것을 나는 감히 확신한다.

크고 작은 내면아이 상처 중에 나에겐 크게 2가지 상처가 있었다는 걸 알았다.

첫 번째는, 어린 시절 큰오빠에게 폭행을 당한 기억이다. 큰오빠의 큰딸인 조카를 돌보지 않고 언니랑 놀러 갔다는 이유로 회초리를 맞았다. 영문도 모른 채 8살의 어린 나는 그 엄청난 회초리를 맞았고 큰올케를 찾아가 용서를 빌어야 했다.

그리고 또 한 번은 고등학교를 갓 졸업하고 성인이 됐다는 설렘에 파마를 했을 때였다. "어린 것이 싹수없이 어디 파마질이야! 네가 술집 년이냐?"라는 독설과 함께 담요 속에서 무차별하게 맞았다.

큰올케와 엄마가 말리지 않았더라면 어쩌면 병원에 입원해야 했을지도 모른다. 방바닥에 나의 머리칼이 온통 뽑혀 있었다. 눈과 입술이 부어나는 한동안 외출을 하지 못했다. 그리고 큰오빠가 잠이 들 때까지 도서관에 있었다. 엄마의 전화를 받은 후에야 집에 오곤 했다. 2살 때 아빠가 돌아가시는 바람에 큰오빠는 아빠 역할을 했다. 하지만 성인이 된 후 알았다. 딸내미를 그렇게 패는 아빠는 없다는 걸.

그리고 또 한 가지 문제는 너무 어린 시절부터 시작된 아빠의 부재였다. 2살 때 아빠는 지병으로 돌아가셨다. 시골에서 3남 2녀를 여자 혼자 몸으로 농사일 하며 키우는 일은 무척 힘든 일임을 알기에 어린 시절부터 나는 엄마에게 아빠에 대해 그 어떤 것도 묻지 못했다. 살아 계시면 몇 살쯤 되셨는지, 무슨 병으로 돌아가셨는지…. 아빠에 관한 질문은 나에게 금지어와 같았다. 아빠 얘기를 하는 건 불효라는 믿음 때문이었다. 아빠에 대한 기억이라곤 2살짜리 어린 나를 품에 안고 "여보, 우리 막내 딸 좀 잘 부탁하오."라는 말과 아빠가 나를 무척 사랑하셨다는 말을 오빠들을 통해 전해 들은 게 전부였다.

꼬마 시절에도 소녀 시절에도 나는 엄마와 오빠들의 사랑으로 충분했다. 하지만 성인이 된 내가 지난 인연들을 떠올려보니 내가 인지하지 못했지만, 상당 부분 폭력과 아빠의 부재가 나에게 큰 영향을 끼치고 있었다는 걸 알게 되었다. 가장 큰일은 바로 이혼 부분이다. 누구나 마찬가지지만 인연이라 생각했고 영원한 사랑이라 믿어 선택한 결혼은, 결국 이혼이라는 주홍글씨를 나에게 선물했다.

우리는 누구나 내면에 내면아이 상처를 갖고 있다. 나에게 상처받은 내면아이가 있듯 상대에게도 있다. 상대도 받아본 적 없는 무조건적인 사랑과 수용을 원했으니 그 사랑을 줄 수 있을 리가 없다.

이런 트라우마로 많은 인연을 놓치기도 하고 잘못된 악연을 인연으로 믿어버리게도 된다. 내면아이 상처 치유가 아니었다면 이때의 기억이 나를 어떻게 만들었는지 인지하지 못했을 것이다. 또한, 상대의 내면아이도 이해할 수 없었을 것이다. 이처럼 사람들이 상당 부분 내면아이 상처 치유가 안 되어 나는 물론 타인에게 상처를 주고 산다.

관계에서의 문제는 타인이 아닌 나에게서 찾아야 한다. 내가 타인을 바라보는 온도가 달라질 때 관계의 개선이 일어난다. 새로운 일이나 사랑을 시작하시는 분들, 혹은 인연을 놓칠 위기에 처하신 분들에게 이 책을 꼭 권하고 싶다.

당신이 내면아이 상처 치유를 통해 척박한 동굴 속에서 꼭 빠져나오시길 바란다. 태양은 늘 존재했다. 그 동굴은 타인이 아니라 나 스스로 인지했을 때만이 빠져나올 수 있다. 상대에게 그렇게 간절히 원했던 그 사랑은 이미 나에게 있었다는 걸 알아야 한다. 하늘의 태양이 언제나 늘 그곳에 존재하고 있었던 것처럼. 내 안의 그 사랑을 찾았을 때 평온한 마음으로 상대에게도 배려 깊은 사랑을 줄 수 있다.

C O N T E N T S

CHAPTER 1

나는 왜 내가 제일 힘들까?

CHAPTER 2

삶이 불행하다면 내면아이부터 들여다봐라

CHAPTER 3

내면아이가 듣고 싶은 말을 했더니 잘 풀리기 시작했다

CHAPTER 4

상처받은 내면아이 치유법

CHAPTER 5

내면아이가 행복하면 삶이 달라진다

CHAPTER 1

나는 왜
내가 제일 힘들까?

01

나는 왜 내가 제일 힘들까?

"뭔가 일이 잘 풀리지 않는다면
그것은 자기가 하는 방식이 잘못되었기 때문입니다.
그 잘못을 고치기만 한다면 고생은 사라집니다."
─『부자의 운』, 사이토 히토리

사람은 왜 타인에게 내가 중요한 사람이라는 걸 굳이 인정받으며 살려고 하는 것일까? 오로지 나로 스스로 행복을 느끼며 살 순 없는 것일까? 시시때때로 기분이 좋았다가, 나빴다가…. 사실 사람과의 관계에서 우리의 감정은 수시로 행복과 불행 사이를 오간다.

타인의 시선에 휘둘리지 않고 오로지 나를 인정해주고, 칭찬을 해주고, 내가 나를 사랑하는 마음이 충만하다면 사실 그리 어려운 일도 아닐 텐데…. 그게 말처럼 쉬운 일이 아님을 나도 많이 느끼며 살아왔다.

최근에 있었던 일이다. 나의 첫 번째 책이 출간되고 주변의 많은 사람의 축하를 받았다. 잠잘 시간도 없었을 텐데 어떻게 책을 출간했냐며 '대단하다, 존경스럽다, 멋있다' 등 격려와 응원을 많이 받았다. 맛있는 음식을 대접을 해주시는 분들도 계시고, 진심으로 응원해주며 책도 구매해주셨다. 심지어는 몽블랑처럼 고급 펜은 아니지만, "내 생에 작가에게 이런 펜 선물을 다 해보다니, 영광이다."라며 진심이 담긴 펜을 선물해주시는 분도 계셨다.

　반면, '네가 책을 썼으면 나는 대하소설 쓴다, 내 인생은 책 10권 분량이다.' 질투 어린 반응도 있었다. 이런 분들은 나를 비난하기보다 그런 말을 하면서 스스로 초라함을 느꼈을 것이다. 사실 내가 어떤 일을 했을 때 모두 격려하고 응원해줄 순 없다. 다만, 내가 서글펐던 일은 그 사람의 마음가짐이다. 어떤 문제가 생겼을 때 사람은 맨 처음에 자기 주관으로 말하는 특징을 가지고 있다. 지금까지 남을 비난하고 욕을 하는 데 시간을 낭비하며 살아왔다면 조금은 고요하고 온유하게 생각할 필요가 있지 않을까?

　사람의 감정은 2가지로 크게 나누어 볼 수 있다. 사랑과 두려움이 바로 그것이다. 사랑은 평온, 자유, 행복, 기쁨을 포함한 아주 큰 감정이다. 긍정적이고 높은 의식의 감정이다. 반면, 두려움은 분노, 욕망, 무기력, 슬품, 자부심, 수치심, 죄책감을 포함하는 감정이다. 아주 부정적이면서 낮은 의식의 감정이다. 그래서 사람들은 우리의 눈으로 보는 그대로가 진실이 아님에도 불구하고, 자신이 믿는 그대로 세상을 보게 되는 것이다.

사람은 누구나 자기를 칭찬하고, 자기 말을 잘 들어주는 사람을 좋아한다. 나 역시 마찬가지이다. 하지만, 앞의 경우만 해도 예전 같았음 엄청나게 분노할 일이다. '치! 글을 써보고나 하는 얘기야? 읽어나 보고 그런 소리 하시지, 자기가 뭔데!'라는 마음이 들었을 것이다. 하지만, 내가 웃으며 넘길 수 있었던 이유는 마음이 상하지 않을 정도로 내면의 근육이 튼튼했기 때문이다. 나는 내면아이 치유를 통해 나 스스로 마음을 다스리는 법을 알게 되었다.

내면아이를 달래기 전엔 누구나 분노의 여왕이 된다. 조금만 지적을 받거나 비난받는 것을 극도로 참지 못한다. 완벽을 추구한다는 것과는 다른 의미이다. 내가 타인 모두를 좋아할 수 없듯이 타인 역시도 모두가 나를 좋아할 순 없다는 사실을 인정해야 한다. 그럼에도 적어도 내 지인이라면, 내 친구라면, 내 남자친구라면, 내 가족이라면 '무조건 내 편이어야 한다'가 대부분 사람의 주관이다. 이런 마음이 들 때 언제나 상처를 받는 건 '나'라는 사실을 알아야 한다. 길을 지나가다 낙엽이 얼굴에 떨어졌을 때 무심히 지나치는 것처럼 의연하게 대처하는 마음가짐이 필요하다.

왜 하필 내 얼굴에 떨어지냐고 낙엽에게 화를 내진 않을 테니 말이다.

두려움, 분노, 무기력, 슬픔, 자부심, 수치심, 죄책감은 아주 낮은 의식의 감정이다. 분노의 여왕이었던 내가 힘들었던 이유도 바로 이런 낮은 자아 속에서 살았기 때문이다. 해결책을 찾지 못한 채 언제나 그 안에서 맴도는 힘듦을 반복했기 때문이다. 이런 분노가 올라오면 하는 일이라곤, 친구들을 만나 수다를 떨거나, 술을 마시거나 혹은 울거나…. 남을 욕하면서 매운 음식을 먹으며 누군가가 내 얘기에 맞장구라도 쳐주면 내 말이 진실인 양, 그걸 인정받은 양 신이 나는 것이다.

나는 왜 내가 제일 힘들었을까? 누구나 내 편이 되어야 하고, 나만을 사랑해줘야 한다는 과욕 때문은 아니었을까? 사람은 누구나 자기중심으로 싫은 것도 좋은 것도 판단하게 된다. 단순히 나의 지인이기 때문에 무조건 내 편이어야 한다는 것은 스스로 불행의 길을 자초하는 길이다. 이걸 깨닫기까지 우린 너무 많은 시간과 감정을 낭비하며 아픈 인생을 살았다. 탄탄한 마음 근육이 있었더라면 작은 상처로 소중한 시간을 허비하는 일은 없었을 것이다.

나의 첫 저서인 『하루 1시간 음악의 힘』 집필 당시였다. 어린 시절부터 염원이었던 집필 당시, 나는 극도로 내면의 혼란이 찾아왔다. 잊은 듯 살고 있던 아픈 과거 이야기를 해야 하는 심적 갈등과 코로나19가 함께 찾아온 것이다. 나는 현재 인천에서 '라붐 라이브' 카페를 운영 중이다. 이 또한 어린 시절부터 음악을 좋아한 나의 잠재의식의 꿈이 현실로 드러난 결과이다. 그다음 꿈이 글을 쓰는 작가였다. 동기부여를 긍정적으로 주는 작가가 되고 싶었다. 그래서 미친 듯이 글을 써 내려가고 싶었다. 하지만 계속되는 불경기 상황에 코로나19까지 터지니 정신적으로 재정적으로 너무 힘들었다.

뉴스와 많은 매체에서 사회적 거리 두기, 퇴근 후 바로 귀가하기, 모임 취소하기 등 다양하리만큼 구체적으로 사회와 단절을 시켰다. 당연히 100% 대면으로 운영되는 가게인 라이브 카페를 찾는 사람은 없었다. 매출은 없어도 직원들 월급과 가겟세, 주류 대금, 각종 세금을 감당해야 했다. 이런 상황에 낭만적이고 행복한 글쓰기란 맨땅에 헤딩하는 일과도 같았다. 당연히 잘못된 직원 교육도 이루어질 리 만무했다. 여직원 급여는 하늘을 치솟고 조금만 싫은 소릴 해도 그만두는 상황이다.

손님들은 이 어려운 경기를 이용해 '이런 경기에 내가 너희 가게를 찾아 준 것만 해도 감지덕지, 요구 사항은 모두 들어줘야 하고 비용도 깎아 달라'는 성향을 보이기도 했다. 심지어는 외상으로 먹고 입금을 하지 않는 손님도 생겨났다. 대중매체는 사회적 단절을 강조했고, 그나마 오는 손님들의 요구 사항은 점점 진화해갔다. 그런 탓에 일하는 직원들과 나의 스트레스는 나날이 늘어만 갔다.

사실 가장 힘들었던 부분은 아무래도 매출이었다. 점점 무겁게만 느껴지는 가겟세, 사랑하는 직원들을 붙잡기 위해선 한 달도 밀리지 않고 월급도 꼬박꼬박 주어야 한다. 새 직원을 채용하기 위해선 더 많은 몸값을 제시해 스카우트해야 했다. 그동안은 감사한 손님들이 많아 어렵지 않게 순탄하게 흘러갔지만, 이번 코로나 여파는 많은 업종의 사람들의 피를 말렸다. 갖고 있던 자본금도 점점 바닥을 드러냈고 나의 인내심도 점점 바닥을 드러냈다.

또다시 나는 독서에 집중한다. 뭔가 뾰족한 방법을 찾아내야 한다. 이대로 주저앉을 수 없다. 어떻게 찾은 소중한 나의 삶인데…. 책을 통해 다시 경제 공부를 하고, 부동산 공부를 하고, 정신을 놓지 않기 위해 심리 통제에 필요한 책을 찾아보고, 다시 한 번 내면아이 치유 공부를 반복한다. 비대면 시대! 이 안에서 내 사업과 나를 지켜내는 방법을 연구한다. 혼돈이 크면 기회도 큰 법이다. 미래에 울지 않으려면 지금 내가 당장 할 수 있는 건 생각과 공부밖에 없다.

아, 이거였다. 나의 첫 책을 쓸 당시 느낀 감정이 또 들었다. 그때 불면

중에 시달리며 많은 생각을 한 끝에 내가 찾은 해답이 지금도 다시 든다. '이 코로나가 나에게 무슨 메시지를 전하고 싶은 걸까?' 코로나19를 통해 우주는 나에게 '지금 하라고! 당장 하라고! 멈추지 말라고! 다시 하라고! 네 능력은 무한하니 다시 발견하고 발굴하라고! 더 단단한 사업가로, 더 현명한 나로, 더 공부하고 탄탄해지라고!' 알려주는 것이다. 그래, 나에겐 시간이 많아진 것이다. 사회의 혼란 속에 사람들이 불안해하고 있을 때 다시 더 크게 성장하라고 메시지를 준다. 더 공부하라고 세상을 멈춰놓고 시간을 주는 것이다. 기회를 알아볼 줄 알아야 그 기회를 나의 운으로 승화시킬 수 있다. 나는 그런 우주의 알림 진동을 깊고 따뜻하게 느낄 수 있었다.

02

분노와 사랑은 함께할 수 없다

"진정한 자기 사랑은 모두가 등을 돌릴 때도
자신을 사랑하는 것이다!"
- 『나로 살아가는 기쁨』, 아니타 무르자니

운전할 때, 액셀과 브레이크를 함께 밟는 일이 과연 가능할까? 안전한 경우엔 그냥 정지되겠지만 아마 차가 전복되거나 심하면 폭발할 수도 있다. 우리의 마음도 마찬가지이다. 분노와 사랑은 함께할 수 없다. 폭발할 정도로 분노해 있을 때 사랑을 베풀기란 웬만큼 자비로운 사람이라도 상상할 수 없는 일이다. 그래서 우린 스스로 나의 내면의 소리를 애정 어린 귀로 들어주어야 한다. 현재 나의 마음이 상대의 말을 온전히 받아들일 수 있는 상황인지, 그 사람에게 배려 깊은 사랑을 줄 수 있는 평온한 상태인지 마음 온도를 수시로 체크해야 한다.

이성과 다툼을 생각해보자. 사실 이성과 다툼, 부부싸움들은 큰 문제로는 다툴 일이 없다. 이상하게도 감정적으로 싸울 때는 아주 사소한 일로 싸우게 된다. 치약을 위에서부터 짜느냐 밑에서부터 짜느냐, 신발 정리를 하느냐 안 하느냐, 한 사람은 추위를 너무 타는 체질이고 상대는 더위를 타는 체질이고, 여자친구가 비스킷이나 빵을 먹을 때 흘리는 성향이라면 그걸 못 참는 불같은 성격의 남자친구도 있다. 작은 일로 시작된 다툼이 큰 싸움이 됐을 때 분노가 일어나는데 이런 경우 사랑이 뿜어져 나올 리 만무하다.

자녀를 키울 때도 예외는 아니다. 어느 일요일에 나는 집에서 '라붐 시크릿 TV' 영상을 찍고 있었다. 평소 나는 유튜브를 찍을 때 소리에 민감한 편이다. 그래서 마이크도 좋은 걸 선택한다. 평소 에어컨보단 선풍기를 선호하지만, 선풍기 소리가 혹시 마이크에 잡음으로 들릴까 봐 에어컨을 틀어놓고 촬영할 정도니까. 그날도 한참 영상을 촬영하고 있는데 밖에서 꼬마 아이의 울음소리가 들렸다. 아이 울음소리가 나는 부분만 편집할 생각으로 나는 영상을 계속 이어갔다. 그런데 5분이 넘도록 아이의 울음소리는 그치지 않았다. 평소라면 그냥 그러려니 하겠지만, 한참 영상을 찍고 있던 상황에 5분이란 결코 짧은 시간이 아니다.

나는 잠시 촬영을 멈추고 그 시간에 영상 내용을 수정하고 있었다. 그런데 10분이 지나고 15분이 지나도 아이의 울음은 멈추질 않았다. 오히려 뭐라고 이야기하며 고함치듯 우는데 소리는 점점 커져만 갔다. 밖으로 나가 "얘야 왜 그러니? 무슨 일 있니?" 해야 하나 생각할 무렵 한 여인의 목소리가 들렸다. 1분 정도 여인의 목소리가 잠깐 들리나 싶었던 그때, 나는 깜짝 놀라지 않을 수 없었다. 그 아이의 엄마인 듯한 그 여인은 아이보다 몇십 배는 더 큰 목소리로 고함을 치고 있었다. 내용은 정확히 알아들을 순 없었지만, 분명 아이를 상대로 소리를 지르고 있었다. 마치 남편과 매우 큰 문제로 부부싸움을 하듯, 고래고래 소리를 지르고 있었다.

그날 나는 김상운 저자의 도서『왓칭』내용을 촬영하고 있었다. 영상 내용은 김상운 작가님이 어느 마트를 가게 됐는데 한 꼬마 아이가 울고 있는 상황에서 시작된다. 꼬마 아이가 장난감 판매대에서 장난감을 사달라고 엄마에게 조르고 있다. 그런데 엄마가 장난감을 사주지 않자 생떼를 쓰고 있던 상황. 어찌할 바를 모르는 엄마 옆의 아이에게 김상운 작가님이 다가갔다.

"꼬마야, 너 저 장난감이 갖고 싶지?" 울음을 멈춘 꼬마 아이는 낯선 아저씨에게 고개를 끄덕인다. "아저씨도 저 장난감이 무척 갖고 싶단다. 그런데 저 장난감이 엄청 비싸. 네가 저 장난감을 가질 방법은 2가지란다.

첫째는 다른 사람에게 선물을 받는 것이고 둘째는 네가 용돈을 모아 사는 거란다." 아이는 돈을 벌어 자기가 사겠다고 말했다. 아이는 낯선 아저씨가 따뜻하게 자신을 알아봐주자 언제 그랬냐는 듯 환한 얼굴로 팔짝팔짝 뛰면서 유유히 사라졌다는 이야기였다.

이렇듯 어린아이들이라고 무조건 내가 원하는 모든 걸 갖겠다는 의지를 가진 것은 아니다. 단지, 공감을 해주고 자신의 견해를 알아봐주자 눈 녹듯 분노도 금세 가라앉은 것이다. 나는 우리 집 창밖의 그 모자도 이런 결론이 나길 바랐다. 평소 같으면 우는 아이 소리도 거슬리고 우선 내 일에 방해가 된 상황에 분노가 날 법도 했다. 하지만 『왓칭』의 그 부분과 비슷한 상황이 벌어지면서 나도 모르게 미소가 번졌다. 마음 같아선 『왓칭』이란 책을 그 아이 엄마에게 쥐여주고 오고 싶었지만, 괜한 오지랖임을 알기에 빙그레 한번 웃고 말았다.

그 아이 엄마라고 아이를 사랑하지 않아서가 아닐 것이다. 두고 보고 참고 참다가 아이에게 굳이 하지 않아도 되는 분노까지 표출하게 된 걸 것이다. 이 경우만 보더라도 분노와 사랑이 함께할 수 없음을 바로 보여주는 예이다. 분노가 빠져나가야 비로소 사랑이 고개를 내민다. 아마 그 아이의 엄마는 집으로 돌아가 잠든 아이를 어루만지며 눈물을 흘렸을지도 모른다. 분노가 빠져나가고 사랑이 올라와 엄마로서 어른스럽지 못한 자신을 자책했으리라.

엄마의 내면에 슬픔이 있으면 아이는 엄마의 슬픔이 해결될 때까지 운다. 아이가 울었을 때 화가 나고 불편함을 느끼는 건, 어린 시절 울 때 부모로부터 "뚝! 그만 울어."라는 말을 듣고 자랐기 때문이다. 인정받지 못하고 수치심을 느낀 아이는 그다음부턴 울지 못한다. 그런 아이가 어른이 되어 자신의 아이가 울면 어린 시절 억압됐던 감정이 올라와 아이 우는 모습이 불편한 것이다. 그러면 어린 시절 자신의 부모님이 그랬던 것처럼 자신의 아이에게도 똑같이 "뚝, 그만 울어."라고 말을 하게 된다. 결국, 치유되지 않고 인정받지 못한 나의 내면아이를 나의 자식에게도 똑같이 대물림시키는 악순환이 반복된다.

우리는 흔히 자신의 아이는 자신의 어린 시절처럼 살질 않길 바란다. 우리 부모님처럼 매일같이 싸우지 않는 집안, 아이를 내팽개치고 도망가는 부모는 되지 않으리라는 다짐, 나의 아이에게는 가난을 대물림시키지 않겠다는 의지, 매를 맞고 자란 사람이라면 내 아이에게는 매를 대지 않겠다는 약속, 돈을 벌어다주지 않은 아빠를 보고 자란 아이라면 어떻게든 가정에 돈을 벌어다주겠다는 희생, 이혼한 가정에서 자란 아이라면 내 자식만큼은 어떻게든 이혼한 가정의 자식을 만들지 않겠다는 다짐 등.

하지만, 내가 나를 진정 사랑하지 않고 과연 그게 가능한 일일까? 앞서 말했듯이 분노와 사랑은 함께할 수 없다. 내가 나를 진정 사랑하고 내 안에 사랑이 충만할 때 사랑을 줄 수 있다. 어린 시절부터 가득 쌓인 분노가 있는데 단지 내 자식이란 이유만으로 받아본 적 없는 사랑을 과연 줄 수 있을까? 우선 나 자신에게 충분한 사랑을 주는 내가 되어야 한다. 그래야만 내가 사랑하는 나의 짝꿍에게, 내 목숨 같은 자식에게 배려 깊은 사랑을 줄 수 있는 것이다.

그러기 위해선 제일 중요한 과제는 나의 내면아이의 상처를 비워내야 한다. 비워야 채워지는 것이다. 구질구질하고 매일같이 증오로 불타는 사람에게 누굴 받아들일 가슴이 있을까? 멋진 백마 탄 왕자가 온다 한들 받아들일 공간이 없는 것이다. 내 안에 분노로 가득 차 있고 이 감정이 해소되지 않는 이상 행복이 들어올 수 없는 것이다. 비스킷 가루를 떨어트리는 여자친구를 보고도 화가 나는데, 치약 짜는 습관이 달라도 분노가 올라오는데 어떻게 진정한 사랑을 줄 수 있을까?

우리의 뇌는 아무 일도 하지 않고 있으면 본능적으로 부정적인 생각을 많이 하게 된다. 어떤 시련이 닥쳤을 때 일의 해결책을 찾고 열심히 뛰어야 한다. 또한, 인간관계에 어려움이 생겼을 때 역시 아무 일도 하지 않고 있으면 더 많은 부정으로 들어가게 된다. 부정적인 생각은 더 깊은 부정을 낳기 때문에 관계가 더 악화할 수 있다. 나의 내면의 슬픔 지점을 찾아내야 한다. 그 지점을 알아내서 해결해야 더 현명한 판단을 할 수 있다. 내 안에서 나의 문제를 인지하고 해결한 온전한 상태가 됐을 때, 상대방과의 문제점을 해결할 수 있다. 문제는 항상 타인이 아니라 나에게 있음을 알아야 한다.

03

내면아이와 단절하면 벌어지는 일들

"당연한 일을 하지 못하는 사람들이 많으므로
하는 사람의 가치가 올라갑니다."
- 『운을 부르는 부자의 말투』, 미야모토 마유미

'나는 행복한가?' 우리가 늘 꿈꾸는 이 행복이란 아이. 어쩌면 평생을 함께 가야 할지 모르는 이 질문! '당신은 지금 행복한가요?' 우린 어떤 때 행복을 느낄까? 내가 좋아하는 일을 하고, 사랑하는 사람을 만나고, 부모님이 건강하고, 아이가 잘 자라주고, 혹은 반려동물이 아픈 데 없이 내 곁을 잘 지켜주고, 사업이 번창하고, 가겟세를 잘 낼 수 있고, 아이 학원을 하나 더 보낼 수 있고….

행복할 수 있는 이유를 찾으면 무수히 찾아볼 수 있다.

하지만, 한 가지 우리가 '행복'이라는 감정을 느끼기에 빠진 요소가 있다. 행복이란 다른 말로 '인정'받는 일이다. 앞서 나열한 행복의 예시에 '나'란 존재가 빠져 있다. 우리는 때때로 공허함을 자주 느낀다. 분명 내 삶에 나름 다 채워져 있고, 딱히 불편함 없는 이 삶이, 혹은 내가 목숨 걸고 하는 이 일이 분명 잘 흘러가고 있는 듯한데 왠지 공허하다고 느낀다. 왜 그럴까? 남들처럼 잘사는 것 같은 그림인데 이렇게 공허한 걸까? 바로 책임감과 희생만으로 살기 때문이다. '나'란 존재는 빠지고 그림자 같은 느낌만 들기 때문이다.

아들, 딸 낳고 내조 잘해주는 아내도 있는데 나 혼자만 자꾸 겉도는 것 같다. 다른 가족들은 하하 호호거리며 잘 어울린다. 나 없어도 자기들끼리 즐겁게 웃는다. 나 혼자만 외딴 섬에 뚝 떨어져 있는 것만 같다. 함께 웃고 싶지만, 알고 보면 내용이 그다지 즐거운 일도 아니다. 사랑하는 가족이지만 공감이 되지 않는다. 사랑하는 딸의 이야기여서 잘 들어주고 싶지만 재미있지가 않다. 나는 '라붐 라이브' 카페를 하는 직업적 특성상 이런 개인사, 가족사 이야기를 쉽게 접할 기회가 많다.

우리 손님 중 40대 후반의 남성이 있다. 이분은 결혼도 하고, 딸아이와 15년을 함께한 아내도 있다. 자신의 꿈을 이루진 못했지만, 꿈과 관련된 일을 하면서 15년 동안 열심히 일해 돈도 열심히 벌었다. 딸아이도 예쁘게 잘 자라주어 본인의 목숨도 내놓을 수 있다고 한다. 아내도 아이를 잘 키우고 집안 살림하면서 열심히 살고 있다. 그래서 고마운 마음에 주말마다 외식하는 등 남편으로서 아빠의 역할을 충실히 하고 있다. 그런데 행복하지가 않다.

문제는 목숨을 걸 만큼 예쁜 딸이 있어도 그 이유 외에는 마음이 공허하다는 것이다. 15년을 외벌이로 힘든 티 한번 안 내고, 아파도 병원 한번 안 갈 만큼 든든한 가장으로 살고 있다. 하지만, 저축 하나 한 것 없이 아직도 월세를 살다 보니 밑 빠진 독에 물 붓기의 삶이 너무 힘든 것이다. 겉으로는 밝은 척, 언제 죽을지 모르는데 오늘 하루라도 행복하게 살아야 한다고 말하는데 늘 어깨가 처져 있다. 아이와 아이 엄마는 동네 학부모들과 어울리고 단합이 잘되는 듯 행복해 보이는 데 늘 자기만 겉도는 기분에 공허하단다.

존재가 의무감과 책임감뿐이니 채워지지 않은 내면이 공허한 것이다. 지킬 것이 있으니 분주하게 움직이는 데 의미 없는 피상적인 관계를 만드느라 에너지를 쓴다. 하지만 외로움은 사라지지 않는다. 다람쥐 쳇바퀴 돌듯 감정 없이 살다 보니 가슴이 꽉 막히고 답답해 온다. 그러기에 중독과 강박에 의존하게 된다. 기쁨과 행복이 수치심에 갇혀 있다 보면 우울해진다. 그래서 나를 찾을 수 있는 무언가를 찾게 된다.

40대 후반의 이 남성은 그 공허함을 대체할 무언가를 찾은 것이 술이었다. 술을 먹으면 일시적으로 수치심이 해제되고 원래부터의 '진짜 나' 안에 있던 기쁨이 나온다. 맑은 하늘은 늘 거기에만 존재하고 있다. 실제로 이 남성은 술을 마시면 과거를 많이 회상한다. 여학생들에게 인기 많았던 중고등학교 시절, 붙임성이 좋은 성격 탓에 형들에게 불려 다녔던 기억, 끼도 많으니 가는 곳마다 여자들이 줄을 섰다. 말 그대로 밟히는 것이 여자였다고 한다.

하지만, 그 재능 많고 끼 많고 인기 많았던 이 친구가 많은 이성과 헤어짐을 감수하면서도 끊지 못한 것이 술이었다. 너무너무 사랑했던 여자가 있었는데 술을 줄이지 않을 것이라면 헤어지자는 말에 과감히 헤어질 정도로 술에 의존했다. 많은 이성을 만나면서도 그 안에 공허함이 있기에 사랑보다는 술을 선택한 것이다. 하지만 시간이 흐르고 나이도 한 살 한 살 먹다 보니 옛 생각이 나면서 추억을 회상하며 그때가 좋았노라며 또다시 술잔을 기울이기를 반복한다.

술은 기쁨을 만들지 못한다. 술이 기쁨을 가리고 있던 수치심을 일시적으로 해소하는 것이다. 술을 먹으면 기쁨을 느낀다는 착각으로 더욱더 술에 의존하게 된다. 하지만 이것은 결국 핑계일 뿐. 이 의존 단계가 바로 '중독'이다. 가정에서도 돈 벌어다주는 기계일 뿐 남편으로 아빠로서 본인이 생각한 대우를 못 받으니 술에 의존하며 자꾸 과거의 추억 속으로 가는 것이다. 하지만 과거로 돌아갈 순 없고, 현재는 공허하니 잠시라도 기쁨을 주는(착각) 술에 의존한다. 그렇게 나를 대우해주는 무언가를 자꾸 찾으며 또 다른 중독 속으로 빠져든다.

　나는 이분에게 독서도 하고, 과거 속 영화나 노래 말고, 현재 나의 진동수를 높일 수 있는 활동적인 일을 해보시라고 권해보았다. 하지만 자기애가 강한 탓인지 남의 말은 잘 수용하지를 않는다. 그저 내가 할 수 있는 일이라곤 우리 가게를 왔을 때만이라도 위안이 되길 바라며 반복되는 과거 속 이야기를 열심히 들어주는 일뿐이다. '중독'이란 표현을 쓰다가 나는 무언가 중독된 적이 없을까 생각해보았다. 25살쯤이었던 것 같다. 그때 한참 나는 게임에 중독된 적이 있다. 함께 백화점을 다녔던 화영 언니가 있었는데 화영 언니를 따라 술자리에 몇 번 따라가게 됐다. 그리고 언니의 지인들과 PC방을 자주 다녔다.

　나는 그때 게임을 할 줄 몰라 인터넷 검색이나, 아이러브스쿨, 인터넷 카페 활동을 주로 했다. 나는 나름 시간을 잘 보내고 있었는데 내가 무료해 보였는지 언니가 게임을 해보라며 테트리스라는 게임 활용법을 가르쳐주었다. 처음엔 별 흥미가 없었는데 하다 보니 승부욕이 생겼다. 한 단계 한 단계 올라가고 나중엔 아이템까지 쓰면서 하다 보니 정신도 없었지만, 점점 재미가 붙었다. 일이 끝난 퇴근 후에는 어김없이 집으로 와 컴퓨터 게임에 온 에너지를 쏟았다.

나중에는 밥 먹는 일도 잊고, 오늘 해야 할 일들을 산더미처럼 쌓아놓고도 멈출 수가 없었다. 자려고 천정을 쳐다보면 테트리스 막대기들이 마구 돌아다녔다. 어떤 때는 밤새 게임을 하다 출근 시간이 돼서야 허겁지겁 출근했던 기억도 있다. 하도 게임에 몰두하다 보니 눈이 뻑뻑해지고, 손가락에 마비가 오는 등 손목에 파스를 감고 다니기도 했다. 그러다 문득 정신을 차려보니 게임 중독으로 몇 달이 흘러버렸다. '아차!' 싶기도 하고 '이건 아닌데' 하는 생각에 인터넷을 아예 끊어버렸다. 처음엔 집중하던 무언가를 안 하다 보니 불안하기도 하고 초조하기도 했지만 굳은 결심으로 결국 게임 중독에서 탈출할 수 있었다.

나는 어떤 공허함으로 게임 중독이 됐던 것일까? 한참 자기계발하고, 멋 부리고, 미래를 꿈꿀 나이에 나는 왜 게임으로 일상을 망쳤던 것일까? 정확한 목표와 꿈이 없었기 때문이다. 그리고 내면아이의 소리를 듣지 않았기 때문이다. 테트리스가 그렇듯 1단계를 깨지 못하면 2단계로 넘어갈 수 없다. 하지만, 내 실력은 1단계인데 나도 모르게 5단계까지 와 있다면 어떻게 되는 것일까? 수없이 실패를 맛보아야 할 것이다. 나중에는 포기하거나 4단계 3단계로 점점 내려갈 수밖에 없는 것이다.

지금 공허하고 행복하지 않은 사람들이 결국 그런 상황이 아닐까. 내 마음은 저 아래 1단계, 2단계가 편하고 좋은데 나의 의지와 상관없이 4단계 5단계로 떠밀리듯 왔다면 지금 상황이 어렵고 불편할 수밖에 없다. 바로 나의 내면아이를 알아봐주지 않고, 외면한 탓이다. 그래서 술에 중독이 되고, 이성에, 마약에, 게임에, 약물에 중독이 되는 것이다. 이 불편한 현재에 부족한 자신을 탈피하고자 기쁨 아닌 기쁨에 의존하게 되는 처참한 결과를 낳은 것이다. 이제라도 내면아이의 소리를 들어주고, 평온의 상태에서 1단계 2단계를 밟아 올라간다면 4단계 5단계를 넘어서 초인단계까지 수월하게 올라갈 수 있을 것이다.

04

내면아이를 알아봐줬더니 운이 좋아졌다

"성공을 좇는 과정에서 마주치는 어두운 그림자가
실은 우주가 내게 새로운 방향을 보여주기 위해서
준비하는 과정이다."
– 『내가 확실히 아는 것들』, 오프라 윈프리

"아침이 되어서 밝아진 게 아니라 태양이 존재하니까 밝아진 것입니다. 태양이 없었다면 지구가 아무리 열심히 회전해도 세상은 온통 캄캄하겠지요. 무엇보다 태양은 자기가 기분 좋을 때만 빛을 내지 않습니다." 『부자의 운』이란 책을 쓴 사이토 히토리가 한 말이다. 나는 이 말이 너무 공감되어 많은 이들이 읽어주었으면 한다. 이번 책의 주제인 '하루 10분 내면아이 치유하기'와도 너무 잘 맞는 문장이다.

우리는 기쁘면 나 혼자 잘나서 일이 잘됐다고 생각한다. 반대로 일이

꼬이거나 실의에 빠져 있을 때는 운 탓, 세상 탓, 남의 탓으로 돌린다. 일이 잘되고 잘못되고는 모두 나의 몫이다. 태양이 언제나 늘 그곳에 존재했던 것처럼 우리의 내면아이도 언제나 내 안에 존재하고 있었다. 지금 어둠이 존재하더라도 다시 지구가 회전하면 밝은 빛을 볼 수 있듯이, 내 삶도 지금은 어둠 속인 것 같아도 다시 빛은 드러나게 되어 있다.

사이토 히토리의 말 중 마지막 구절. "무엇보다 태양은 자기가 기분 좋을 때만 빛을 내지 않습니다." 이 말을 들었을 때 나는 가슴이 먹먹해지면서 눈물이 핑 돌았다. 사실 책을 조금 읽는다는 사람 아니고서는 '내면아이'라는 말이 생소한 분들도 많을 것이다. 게다가 '내면아이 상처 치유'라니! 대체 뭐라는 거야? 사실 나도 그랬다. 그렇게 살려고 발버둥 치고, 자기계발서 읽고, '나는 축복받은 존재'라고 습관처럼 외쳤던 나도 '내면아이'라는 단어에 거부 반응이 일었던 게 사실이다.

나이 40줄에 남들 다 이룬 가정도 못 이룬 사람에게 '아이'라니. 낳아본 적도 키워본 적도 없는 아이를 게다가 '치유'를 하라니…. 신은 분명 극복할 수 있는 시련만 준다고 했는데 이 과제는 과연 무엇인가? 나는 우리에게 주어진 과제 중 가장 복잡하고 어려운 과제를 해버리면 다른 문제는 쉬워진다고 생각하는 사람이다. 나는 이놈의 '내면아이'란 녀석을 공부해보았다. '비록 내 아이는 없지만, 너라는 아이 내가 치유 한 번 해보자'란 마음으로 덤벼들었다.

그런데 파고들어 보니 이미 내가 해왔고, 극복했고, 앞으로 해내 갈 일이었다. 그 이룸으로 선물 받는 축복이 너무나 충만해서 쓴 책이 『하루 1시간 음악의 힘』이다. 내면아이 치유법으로 나는 많은 방법을 시도해보았다. 그중 가장 위대한 것이 '음악의 힘'이었다. 사실 노래를 못하는 사람은 있어도 노래를 싫어하는 사람은 거의 없다. 그 말은 대부분 사람이 자신의 노래가 존재한다는 뜻이다. 내가 좋아하는 노래를 부르며 나의 내면아이가 즐거워하는 일을 하면 된다. 그렇게 점점 좋아하는 일을 늘려가면 된다.

아이를 키우면서 분노가 올라오거나 화가 나거나, 있는 그대로의 아이를 사랑할 수 없다면 우리의 기억 저편 어딘가에 해결되지 않은 상처가 있는 것이다. 그렇다면 내면아이란 무엇일까? 『내면아이 상처 치유하기』의 저자 마거릿 폴은 이렇게 정의한다.

"'내면아이'란 우리의 인격 중에서 가장 약하고 상처받기 쉬운 부분으로, 감정을 우선시하는 '직감적인' 본능을 말한다. 다시 말해 우리가 태어났을 때의 본래 모습이자 핵심적인 자아, 타고난 인격인 셈이다."

우리 모두에게는 내면아이가 분명히 존재한다. 나 자신 안에 존재하는 약하고 상처받기 쉬운 면이 그것이다. 내면아이는 어린 시절의 유치함이 아니다. 순수함을 말한다. 내면아이는 흔히 우뇌에 비유할 수 있는데 우뇌는 재능, 감정, 본능, 직장, 경험을 담당하는 창조적인 부분이다. 우리가 인생이 술술 풀리고 당장 눈앞에 문제가 없으면 내면아이를 잘 인식하지 못하는 일도 있다. 하지만 개인적인 위기나 갈등으로 스트레스를 받을 때 내면의 불편함이 온다. 이때 내면아이와 단절되어 소통하지 못하면 걷잡을 수 없는 문제들이 생기는 것이다.

내면아이는 사실 싱글인 사람보다, 배우자가 있거나 아이가 있는 가정에서 쉽게 마주치게 된다. 왜냐하면, 가족이 있는 경우가 없는 경우보다 사건·사고들이 많이 벌어지기 때문이다. 아이가 냉장고 문을 오래 열고 있다거나, 장난감을 가지고 놀고 정리 정돈을 하지 않는다거나, 남편이 양말을 뒤집어서 벗어놓는다거나, 나는 집안일을 하고 있는데 남편이 거실에 누워 발가락을 까닥거리며 TV만 보고 있다거나 등등…. 일상적인 부분에서 쉽게 마주할 수 있다.

예를 들어 4살짜리 아이가 떼를 쓰고 울고 있다고 치자. 어린 시절 내가 4살 때 울 때 혼났거나 맞았던 경험이 있다면 이 상황에 나의 무의식에 해결되지 않은 수치심과 죄책감이 올라온다. 그 감정으로 몸으로 대면하기가 고통스럽기 때문에, 우리 부모가 했던 방식으로 아이를 때려 울지 못하게 하는 것이다. 또 나는 어린 시절 양말을 아무렇게나 벗어놓거나, 정리 정돈이 안 됐을 때 눈물 쏙 빠지도록 혼난 기억이 있었기에 그들의 자유로운 행동에 분노가 올라오는 것이다.

나의 어린 시절, 시골 농사일로 엄마나 언니 오빠는 늘 바빴다. 그래서 모두가 일터로 나가 있는 동안 나는 마루에 혼자 놀거나 울고 있어야 한다. 참 오래전의 일인데도 기억이 난다. 어린 나를 돌볼 사람이 없어 엄마는 내 허리에 끈을 묶고 다른 한쪽의 끈은 마루의 기둥에 묶었다. 그리고 가족들은 모두 일터로 나가야 했다. 어린 나는 혼자 있기 싫어서 때굴때굴 구르며 울었던 기억이 생생하다. 그래서인지 지금도 벨트가 있는 옷을 잘 입지 못한다. 그리고 누군가가 나를 두고 가는 일이 생기면 무섭거나 슬퍼진다.

나는 아이를 키우는 입장도 아닌데 이런 불편한 상황은 꽤 오래 유지가 됐다. 나는 왜 그런 걸까 곰곰이 생각해보았다. 엄마와 형제들이 내가 미워서 그런 것도 아니고 상황적으로 그럴 수밖에 없던 상황임을 이해했다. 사실 얼어붙은 감정을 다시 대면하는 일은 쉬운 일이 아니다. 그 나이에서 멈춰버린 내면아이를 대면하는 일은 고통스러운 어린 시절의 나를 만나야 하고 그 감정을 몸으로 느껴야 하는 일이기에 많은 심적 갈등도 생긴다.

아이를 키우는 입장이 아니면 굳이 과거의 상처를 만나지 않아도 된다는 사람도 있지만, 나는 생존하는 모든 인간은 나의 내면아이 치유는 꼭 이루어져야 한다고 생각한다. 사회생활을 할 때 보기 싫은 직장 상사와 부하 직원과의 관계, 친구 사이에서 벌어지는 분쟁, 이성과의 관계에서 나의 치유되지 않은 인성으로는 행복한 관계를 유지하기 힘든 부분이 있다. 이런 부분들은 가정생활보다 사회생활에 더 필요한 부분인 것이다.

나는 수시로 내면아이를 들여다본다. 어떤 사람과의 불편한 상황이 벌어졌었을 때 나의 어떤 치유되지 않은 부분에서 관계의 애로사항이 생기는지 알아봐주었다. 나는 직업적으로 내 의사를 충분히 내세우기보다 들어주고 참아야 하는 경우가 많다. 백화점 판매업을 할 때나 라이브 카페를 운영하는 지금이나 늘 들어주는 입장이 되어야 한다. 때로는 말도 안 되는 갑질이나 욕을 듣고도 묵묵히 참아야 하는 일도 다반사이다. 이럴 때 나는 감정 없는 인형 노릇을 하기도 했다.

하지만, 어느 순간 이렇게 참다가는 머지않아 죽을 것 같다는 생각에 이르렀다. 여러 가지 치유법 중에 이토록 감정을 누르기 힘들 정도로 화가 날 때 하는 방법은 2가지이다. 하나는 목소리가 나오지 않을 정도로 내면의 화가 끝까지 분출되도록 우는 것이다. 제일 좋은 방법은 내가 안전하다고 느끼는 사람 앞에서 내가 사랑받는 존재임을 확인하며 펑펑 우는 것이다. 그렇지만 굳이 그런 사람이 없다 해도 내가 안전하다고 느끼는 장소에서 마음껏 통곡하며 꺼이꺼이 우는 것이다.

그리고 두 번째는 노래하는 것이다. 그게 댄스곡이든 발라드든 상관없다. 내가 쓰는 방법은 가창력이 있어야 하는 고음의 노래나, 감정이 우러러 나올 수 있는 심오한 노래를 한다. 그래서 시시때때로 올라오는 내면 아이의 불편한 마음을 풀어준다. 나는 라이브 카페를 하면서 상처받는 일도 많아 때때로 편안한 사람들이 있을 때 종종 노래하며 풀어준다. 남들은 느끼지 못하겠지만 그들이 내게 편안한 존재이니 나도 고민을 털어 놓듯이 노래를 하는 것이다.

그랬더니 어떤 일이 벌어졌을까? 사실 내가 원하는 대로만 살아가기는 힘든 세상이다. 하지만 그 무슨 시련도 그 어떤 상처 주는 사람도 내 마음이 평온한 상태가 되자, 마치 파도와 함께 춤을 추듯 유연하게 넘길 수 있게 되었다. 매 순간 내가 존귀한 존재임을 알게 된다. 내가 잡고 있던 분노를 놓아버리고 사랑을 선택했다. 그랬더니 어느새 내게 빛이 들어오고 신기하게도 어둠은 스스로 사라졌다. 내가 먼저 이해를 해주고 알아봐주니 성난 사자라도 내게 더 이상 분노로 달려들지 않았다. 내가 나를 사랑하고 배려하는 사랑을 베풀다 보니 좋은 운은 스스로 나를 찾아오기 시작했다.

05
—
값싼 동정심 사양합니다

"꿈과 목표가 이뤄진 광경을 수시로 상상하며
성취감과 행복감을 느껴보세요.
잠재의식의 힘이 당신의 상상을 현실로 바꿔놓을 것입니다."
– 조셉 머피

사람은 누구나 인생의 최종 목표는 행복이다. 물론 돈이라고 말하는 사람도 있지만, 그것은 돈이 있어야 가족과 사랑하는 사람을 지킬 수 있다는 오래된 신념 때문이다. 궁극적으로 우리가 원하는 최종 목적지는 행복인 것이다.

행복하려면 사랑이 전재가 되어야 한다. 배우자를, 부모를, 자식을, 친구를, 애인을, 사랑 없이 의무감으로만 대해야 하는 삶은 생각만 해도 얼마나 불행한 일인가! 라면을 끓여 먹는데 수프 없이 면만 끓여 먹는 기분일 것이다.

나의 행복! 더 나아가 내 사랑하는 사람들과의 행복한 삶을 살기 위해서는 내면아이 상처 치유는 기초 중의 기초이다. 자신의 내면과 항상 싸우고, 전쟁을 치르는 불행한 삶을 사는 사람은 그 불편한 마음을 상대방에게 넘겨버리기도 한다. 억울한 듯 내면아이 상처 치유가 안 된 상대방 역시 칼날을 세울 것이고 또다시 전쟁이 벌어지는 혼란한 관계가 벌어진다. 내면아이 치유가 이루어지기 전까지 이런 이기고 지는 싸움이 반복되는 것이다.

나는 인천 연수구 연수동에서 라이브 카페를 운영 중이다. 이곳엔 많은 부류의 사람이 방문을 해주신다. 4년 동안 한 장소에서 가게를 운영하다 보니 거의 단골 위주의 고객이지만, 종종 초객들도 오신다. 하루는 어떤 점잖아 보이는 50대 후반의 중년 신사분이 오셨다. 직원들과 회식을 하고, 법인카드를 주고 그 장소에서 나오셨다. 좋은 시간 보내라고 하고 나오니 딱히 갈 곳이 없었다. 고민 중에 '라붐'이란 간판을 보고 그 옛날 소피 마르소 주연의 영화 생각이 나서 들어오셨단다.

직원들을 배려해 사장의 관점에서 자리를 피해주고 나오신 그분의 인자함에 나도 모르게 기분이 좋아졌다. 그래서 이런저런 이야기를 나누었다. 사장으로서 가장으로서 애로사항, 불안함, 앞으로의 계획 등 곧은 마음가짐도 볼 수 있었다. 나는 이런 분들을 보면 마음이 행복해진다. '아오랫동안 외로운 사장 자리에 오래 있다 보면 저런 마음도 들 수 있겠구나' 많은 공감을 하며 경청을 해주었다. 그런데 이건 아직 어린 여자의 착각이었을까? 조금씩 술을 한 잔씩 드시던 그분은 취기가 올라오는지 그때부터 갑자기 욕을 하기 시작했다.

부인은 허구한 날 '돈 돈' 거리고, 직원들은 슬금슬금 눈치를 보며 일을 열심히 하지 않고, 자식들은 아빠 덕에 잘나가는 줄 모르고 자기들이 혼자 잘난 줄 안다며 푸념을 하더니 이윽고 나에게까지 불똥이 튀었다. 그날 나는 산책을 하고 날씨도 화창해서 상쾌한 마음에 머리 웨이브를 주고 출근을 했다. 세팅한 나의 머리를 보고 자기는 생머리가 좋은데 왜 웨이브를 줬냐며 그날 처음 본 나를 비난하기 시작했다.

사실 나는 손님들의 이런 푸념쯤은 이제 아무렇지도 않다. 반대로 생머리를 하면 웨이브한 게 좋다는 둥 머리를 묶는 여자가 좋다는 둥 처음 보는 사람들이 마치 자기 여자친구나 동생 대하듯이 하는 경우가 종종 있기 때문이다.

하지만 내가 마음이 아팠던 것은 그분은 불특정 다수의 모두에게 화가 나 있다는 것이다. 겉으로는 사회적 위치가 있으니 늘 억제하고 참으면서 살아오신 것이다. 그래서 나는 싫은 내색 없이 끝까지 이야기를 잘 들어주었다.

그러나 어느 순간 더 들어주는 건 안 된다는 결론이 나왔다. 바로 욕을 하기 시작하면서 나와 맞지 않는 대화를 하는 것이다. 아마도 내가 아내로 보이는 듯했다. 반찬이 어떻고, 애들 교육이 어떻고 하면서 나에게 삿대질까지 하면서 욕을 하는 것이다. 내가 자리를 뜨자 싹수도 없단다. 나는 가게를 나가버렸다. 이런 경우 내가 보이면 끝까지 욕을 멈추지 않을 걸 알기 때문이다.

일을 마치고 출출해서 지인들과 고기를 먹으러 갔다. 나는 그분 얘기를 하면서 참 마음이 아프다고 얘길했다. 얼마나 분노가 많으면 처음 보는 사람에게 욕을 할까? 화나는 건 둘째 문제이다. 처음 보는 나에게 이 정도로 분노를 표출할 정도면 지인들에겐 과연 한 번도 하지 않았을까? 화가 많은 사람은 술을 마시면 안 된다. 순간적으론 기분이 좋아질 순 있지만 결국 어느 순간 자신의 화가 마음 밖으로 표출된다. 그런 일이 반복되다 보면 결국 곁의 사람이 모두 떠나는 것은 당연한 일이 된다.

내 지인들은 속도 좋다며 그런 쓰레기 같은 사람을 왜 걱정하느냐고 투덜댄다. 하지만, 그분이 조금 과하긴 했지만, 주변에서 술을 좋아하는 사람들에게 흔히 볼 수 있는 모습이었다. 그분의 내면이 치유되지 않는 이상 많은 사람에게 그럴 걸 알기에 걱정이 앞섰던 건 사실이다. 결국, 이분의 이야기로 나는 나를 이해하지 못하는 지인과 다툼이 일어났다.

그 사람에게 내가 만만하게 보였다는 둥 술 취해서 떠드는 사람 말을 뭐 그렇게 걱정까지 하냐는 둥, 오지랖이라는 둥…. 그러잖아도 불편했던 마음인데 지인에게 화살을 받으니 나는 급기야 답답한 마음에 울고야 말 았다.

이렇듯, 나의 내면아이 치유는 비단 본인만의 문제가 아니란 것이다. 물론 나도 그분 일만 아니었으면 지인과 다툴 일도 없었을 것이다. 하지 만 더 큰 문제는 어릴 때 얼어붙었던 수치심, 죄책감, 슬픔, 분노는 그 감 정을 대면하고 모두 없애기 전까지는 반복된다는 것이다. 이 억압된 상 처받은 내면아이를 치유하지 않으면 그 상처들은 5대까지 내려간다. 이 상처 자체를 모른 채 어른이 되었고, 부모가 되었고, 매일 내면아이와 전 쟁을 치르며 주변을 적으로 만들며 살아가는 것이다. 심지어 처음 보는 사람에게까지 피해를 주면서까지 말이다.

사실 상처받은 내면아이는 누가 위로해준다고 해결되는 문제가 아니 다. 우리는 어떤 문제가 발생하고 속상할 때 친구나 지인들을 만난다. 하 지만 그 위로와 값싼 동정은 성인 자아에 전혀 도움이 되지 않는다. 혼자 있는 것보다 친구를 만나는 게 좋고 위로받는 것 같지만 사실은 그렇지 않다. 마음이 괴로운 상태에 누군가를 만나게 되면 더 큰 우울함이 밀려 온다. 일이 시원하게 해결되지 않으면 앞의 그 손님과 같이 괜히 앞사람에게 화풀이하게 되는 것이다. 거기에 과음까지 했다면 기억이 나지 않으니 또 실수하게 되는 악순환에 마음만 더 괴롭다.

우리 주변에 선택 장애를 겪고 있는 사람들이 있다. 쇼핑하러 가서도 "이게 이뻐? 저게 예뻐?"라고 물어도 선뜻 선택하지 못한다. 음식점엘 가서도 평소 그 애가 좋아하는 음식을 알고 있는데도 선택을 하지 못하고 주변에서 선택하면 그 의견에 따른다.

이런 사람들은 자신의 출생이 혼전 임신일 가능성이 크다. 지금은 조금 덜 하지만 사실 내 세대에서도 혼전 임신이라면 곱지 않은 시선은 당연한 반응이었다. 임신한 상태에서 상견례를 하고 결혼 준비를 한다면 준비된 마음의 임신처럼 축복해주지 못하는 게 사실이다.

배 속의 아이는 엄마의 자세한 상황을 알지 못한다. 엄마가 아이를 부끄럽게 여기거나 수치스러워한다면 아이도 자신을 수치스러워한다. 이 아이가 태어나면 아이는 엄마의 정서를 돌보느라 자신이 무엇을 좋아하는지 싫어하는지 알 수가 없다. 하지만, 눈치는 빠르기에 남은 잘 챙기지만 정작 자신은 돌보지 못한다. 엄마를 돌보느라 정신을 쏟느라 내가 누군지 모르는 것이다. 그래서 자신을 위한 선택을 하기 어려운 일종의 선택 장애가 생기는 것이다.

실제로 혼전 임신으로 결혼한 경우 부부싸움이 빈번하거나 사이가 좋지 않은 부부 사이에 '애 때문에 산다'는 말을 자주 한다. 애 때문에 사는 것은 책임감이 강한 것이 아니다. 이런 마음으로 사는 부모 밑에서 태어난 아이는 자신의 존재는 없고, 엄마를 지키기 위해 아이 자신이 헌신하게 된다. 아이가 주축이 되어 결혼 생활이 간신히 이어지는 가정이 이런 경우이다. 하지만 이런 아이는 자신의 존재를 '수치'로 여기고 세상에 '나는 없다'는 마음으로 공허하고 습관처럼 자신을 미워하고, 자신의 전부를 싫어하게 된다. 혼전 임신으로 생긴 존재가 수치스러운데 자신 때문에 억지로 가정이 유지가 되니 이 아이의 부담은 얼마나 크겠는가!

실제로 성인이 된 선택 장애를 겪고 있는 사람들 대부분이 자신의 존재를 축복받지 못하고 태어났거나, 혼전 임신으로 태어나 자신 대신 엄마를 위한 삶을 살아왔을 가능성이 크다. 부모가 "너는 축복 받은 존재고 진정으로 사랑한다."라고 말해줘도 좋겠지만, 사실 치유는 본인이 해야 한다. 이런 사연을 듣고 안쓰러워서 지인이란 이유로 위로를 해주는 것 역시 값싼 동정일 뿐이다. 상처받은 내면아이는 동정을 원하는 게 아니라 성인 의식의 나에게 사랑받고 싶은 것이다. 내면아이 상처 치유는 누군가 대신해줄 수 있는 부분이 아니다. 나의 내면아이는 나의 사랑을 가장 기다리고 있다.

06

슬픈 내면아이에게 치유의 노래를 불러준다

"기회는 행동할 때 비로소 가치가 드러난다.
행동을 방치해두면 사소한 의심이 생기고 결국 실패를 가져오게 된다."
─『기회』, 김진혁

혹시 자신의 애인이나 배우자가 자신이 가고 싶은 곳만 가고, 먹고 싶은 음식만 먹고, 자신의 주장만 맞다고 억지로 강요한다면 당신은 어떻겠는가? 아마 처음에는 맞서 싸우기도 하고, 내가 사랑하는 사람을 상대로 힘든 전투를 벌일 것이다. 심지어는 대화하기를 거부하거나 주로 이야기를 들어주는 쪽을 선택할 것이다 어차피 끝날 사이가 아니기에 참고 삭히느라 속은 썩어들어갈 것이다.

그렇게 시간이 흐르면 결국 너는 너, 나는 나 각자가 되어 융합할 수 없는 것이다.

그런데 우리 내면에 그런 나와 같은 아이가 나보다 더 상처를 받아 어두운 방 안 모퉁이에 혼자 쪼그리고 있다면 어떻겠는가? 그래도 모른 체할 것인가? 지금 상대방에게 내가 그렇게 부서져 얼마나 아픈 줄 알면서 정작 내 배우자나, 자식보다 더 중요한 나의 내면아이를 언제까지 내버려둘 생각인가! 바위를 부수는 조금씩 스며든 바닷물의 소금기처럼 우린 그렇게 나의 내면아이를 부수고 있었다. 이제 그 아이에게 웃음과 활기를 찾아줄 때가 바로 지금이다.

처음 나는 내면아이 상처 치유를 하기 위해 무엇부터 해야 할지 난감했다. 내가 매운 걸 좋아하는지, 달콤한 걸 좋아하는지, 채소를 좋아하는지, 고기를 좋아하는지 잘 알지도 못하는 상황에 음식을 선택해야 하는 일만큼 당황스러웠다. 무턱대고 내면아이에게 "너에게 뭘 해주면 좋겠니? 넌 뭘 좋아해?"라고 물어볼 수도 없는 노릇이었다. 그렇다면 어떻게 알 수 있을까? 바로 내가 분노하는 지점을 체크해보면 된다. 인간관계에서 내가 어떤 때 화가 나고 분노가 올라오는지 알면 그 지점에 내 상처가 있다는 것이다.

아이를 키우다 불끈불끈 분노가 올라온다는 엄마들이 많다. 특히 대다수의 경우, 아이가 밥을 안 먹을 때 분노가 올라온다는 경우가 많다. 아이가 밥을 안 먹어 분노가 올 때는 본인이 어린 시절의 분노가 있는 것이다. "나는 네 나이 때 엄마가 바쁘셔서 거의 못 차려줬어. 한번 차려줄 때 마다 반찬 투정 한 번 못 하고 먹었어. 그런데 너는 이 많은 반찬을 두고 도 왜 안 먹어?" 있을 수가 없는 일이고 배부른 어리광 같다. 하지만 내 안에 상처가 없다면 아이가 밥을 먹든 안 먹든 그렇게 크게 화가 나거나 걱정을 하지 않는 평온이 있다.

어린 시절 우는데 엄마가 공갈 젖병을 물려줬거나, 부모에게 버림받은 기억이 있다면 그 공허함을 음식으로 대체하는 경우가 많다. 굳이 배가 고프지도 않은데 어떤 감정이 느껴지면 음식을 먹는다. 엄마에 대한 공 허함이 밀려오면 음식을 먹어 정서를 대체하는 것이다. 이런 경우는 안 타깝게 당뇨병에 걸릴 수도 있다. 내가 지금 먹는 음식이 배가 고파서 먹 는 것인지, 정서가 고파서 먹게 되는지 알아볼 필요가 있다. 원인을 파악 하는 것만으로도 질병에 걸릴 일을 예방할 수 있다.

실제로 나는 다 큰 성인이 먹다가 잠드는 사람을 보았다. 일반 가정집 도 아니고 사람이 많은 24시간 식당이었다. 한참 이야기하고 웃고 떠들 던 친구가 조용해서 보았더니 자는 것 아닌가! 나는 그 친구가 몹시 피곤 한가 보다 웃어넘겼다. 하지만, 매번은 아니지만, 꽤 자주 먹다 잠드는 것을 보았다. 알고 보니 어린 시절 부모님 사이가 안 좋아 매일 같이 다 투셨단다. 그런 아버지의 버릇을 고치겠다고 어머니가 잠시 친정집에 몇 달 갔다 오셨단다. 한창 먹을 어린 시절, 엄마가 본인 때문에 집을 나갔다고 생각했다. 그 기간에 먹고 싶은 음식을 먹지 못했다. 그렇게 어른이 되다 보니 그 공허함을 음식에 집착하는 것이다.

또 이런 경우의 사람들은 자식이 조금만 소홀하게 먹는 것 같으면 부인에게 화를 낸다. 모든 상황의 일 순위가 먹는 것이 되어 생활비의 절반이 식비로 들어가게 되는 것이다. 사실 주변 사람들의 식습관만 봐도 어린 시절의 모습이 보인다. 배고프지도 않은데 공허함으로 라면 2개씩 끓여 먹고 다음 날 토하는 친구도 있다. 전날 식사를 하고 헤어진 친구에게 다음 날 아침 식사할 건지 물으면 배가 꽉 찼단다. 집에 가서 바로 안 잤냐고 물으면 어김없이 무언가를 먹고 잤단다. 어린 시절의 공허함은 성인이 되어서도 아픈 질병으로 남아 있는 것이다.

나는 아빠가 2살 때 돌아가셨다. 그래서 어머니는 우리 5형제를 농사를 지으며 키우셔야 했다. 형제들과 나이 차이가 크게 났던 나는 늘 집에 혼자 있는 경우가 많았다. 오빠들이 밭에 가고, 논에 나가 농사일을 도울 때면 나는 언제나 대청마루 기둥에 노끈을 허리에 묶여 놀아야 했다.

어린 나는 오빠들과 엄마가 있는 밭에 같이 가서 놀고 싶었다. 하지만 농사일에 바쁜 농사철에, 칭얼거리는 막둥이 나는 짐이었을지도 모른다.

2살 때 돌아가셨기에 아빠의 사랑도 못 받았고 늘 혼자서 외로움을 많이 타는 나로 성장했다.

그때 나의 유일한 친구는 노래와 책이었던 것 같다. 나는 명절 때 세뱃돈을 받거나 용돈을 받으면 그 돈으로 책을 사서 읽었다. 그 속엔 나의 아빠도 있고, 친구도 있고, 새로운 세상도 있었다. 지금이야 어디서든 꼬마 아이들이 스마트폰으로 게임도 하고 유튜브도 보지만, 내 어린 시절에는 텔레비전이 있는 집이 거의 없었다. 그런데 다행히도 형제가 많은 장점 덕인지 그리 넉넉지 않았던 우리 집에 텔레비전이 있었다. 아기인 내가 성장해서 꼬마가 됐을 때 나는 엄마한테 밭에 같이 간다고 울지 않아도 됐다. 더는 대청마루 기둥에 묶여 있지 않아도 됐다. 나에게 텔레비전이라는 친구가 생긴 것이다.

텔레비전 속 예쁜 언니들이 꾀꼬리 같은 목소리로 노래를 한다. 그때의 황홀감이란…. 그때부터 나는 또 다른 세상인 음악으로 빠져들었다. 신세계였다. 어린 시절 유치원도 입학하기 전 큰오빠가 서울에서 예쁜 언니를 데리고 왔다. "우리 막냇동생 노래 잘하는데 우리 동생 보러 갈래?" 해서 데리고 온 언니. 그 길로 그 예쁜 서울 언니는 나의 큰올케가 되었다. 내가 노래를 잘했는지 못했는진 기억이 안 나지만, 확실한 건 어릴 때부터 내가 노래를 좋아했다는 사실이다.

처음 내면아이를 알아봐주고 치유하기엔 독서보다는 노래를 불러주는 일을 더 추천한다. 나의 내면아이는 보통 나의 분노의 지점에서 더 자주 접하기 때문이다. 슬플 때 슬픈 노래를 부르면 더 슬퍼질 수 있다. 하지만, 치유의 노래는 다르다. 같은 발라드곡이라 하더라도 나를 사랑할 때 하는 노래, 나를 치유할 때 하는 노래는 얼마든지 많다. 또 같은 노래를 하더라도 부를 때마다 느낌의 온도가 다르기 때문이다.

내가 즐겨 부르는 노래 중에 故 장덕의 〈예정된 시간을 위하여〉란 곡이 있다.

"수많은 별들이 가득한 이 밤 창가에 스치는 얼굴들
모든 것이 여기에 있는데 내가 정말 떠나야 하는지…."

이런 부분의 가사가 있다. 가사 전체는 분명히 너무 슬픈 내용이다. 그리고 처음 이 노랠 할 때는 우울할 때 부르곤 했다. 하지만, 몇 년을 부르다 보니, 슬픈 노래가 될 때도 있지만, 치유의 노래가 될 때도 있다. 이 슬픈 가사를 부르면서 '행복하다'란 느낌이 들면서 실제로 미소가 나올 때도 있다. 이 노래를 부르며 이따금 나의 아빠의 마음이 이런 건 아닐까 생각이 들 때도 있다. 나를 얼마나 사랑했는지 가족들에게 들었기 때문에 슬프지는 않다. 죽음을 알고 있는 상황에서의 2살짜리 막내딸을 두고 떠나야 하는 아빠의 마음은 어땠을까.

아무런 조건이 걸리지 않는, 오로지 나의 감정을 실을 수 있는 노래가 치유의 노래이다. 어떤 조건을 걸지 않아도 된다. 예쁘게 부를 필요도 없다. 나를 가로막는 장애물이 사라지면서 나오는 나의 이 에너지는 온전히 내가 나를 사랑한다는 행복한 빛과 같은 것이다. 내가 선택한 좋아하는 노래를 불러줄 때 나의 내면아이도 빙그레 웃음을 짓는다. 이렇게 조금씩 천천히 내면아이의 마음을 알아봐준다. 이렇게 노래 한 곡의 위대한 힘을 경험하게 된다.

"이건 어때? 이젠 괜찮니?" 물어보지 않아도 된다. 내면아이를 알아봐주라고 했다고 굳이 귀찮게 하지는 말자. 행복의 노래를 불러주면 내면아이가 행복해하는 걸 스스로 느낄 수 있다. 태양이 비추면 어둠은 스스로 사라진다. 빛과 어둠은 하나가 될 수 없다. 빛은 실재한다. 빛은 행복이다. 빛은 따뜻하다. 내면아이와 나는 그 빛 속에 사랑으로 존재한다. 어려운 인간관계의 해결점을 타인이 아니라 나에게서 찾아야 한다. 외롭고 우울하고 타인과의 공감 능력이 떨어지는 이유는 내 안의 참다운 나를 아직 찾지 못했기 때문이다. 에너지는 전염의 힘이 강하다. 나의 행복의 빛이 강하게 비추면 내 주변의 모든 것이 밝아지게 마련이다.

CHAPTER 2

삶이 불행하다면
내면아이부터
들여다봐라

01

삶이 불행하다면 내면아이부터 들여다봐라

"변화를 원하지 않는 사람은 누구도 변화시킬 수 없다."
-『트리거』 마셜 골드스미스

"변화를 원하지 않는 사람은 누구도 변화시킬 수 없다."

나는 이 말에 100% 동감한다. 우리 주변에는 빠르게 성장하는 사람도 있고, 느리게 성장하는 사람도 있다. 반면 성장할 마음 자체가 없는 사람도 있다. 자기계발을 통해 스스로 만족감을 느끼며, 사회적으로도 인정받는 기회를 맛보면서 성장한 사람은 주변의 자기가 사랑하는 이들의 성장도 함께 이루어지기를 기대한다. 하지만, 변화를 원하지 않는 사람은 그 어떤 것으로도 설득하기가 힘든 일이다.

이럴 땐 갈등을 빚으면서까지 그를 성장시킬 필요는 없다. 괜한 오지랖이 되어 관계만 나빠질 뿐이다. 변화는 스스로 느껴 일어나야 하는 현상이다. 내가 한참 자기계발서를 읽고, 혼자 보기 아깝다고 느끼는 책들이 있을 때 주변 사람에게 권해보았다. 어떤 사람은 거절을 못 해서 받아들고는 집 어딘가에 처박아놓기도 했다. 또 어떤 사람은 베개로 사용했다고 우스갯소리도 했다. 하지만 이 정도는 나은 것이다. 어떤 사람은 "거, 글 쪼금 쓴다고 이래라저래라 강요하지 말라."고 쓴소리를 하며 강한 저항을 일으키는 사람도 있다.

그때 나는 깨달았다. 나는 그들을 변화시키려고 한 게 아니라, 그저 읽어봤으면 했던 것뿐인데⋯. 그러면 안 된다는 것을, 그와 나의 내면이 다르다는 걸 느낀 후 그 누구에게도 책을 권하지 않는다. 하지만, 내면아이 상처 치유는 내가 책 한 권을 권하는 의미와는 아주 다르다. 책은 주로 내가 원하는 분야를 찾아보고 관심 분야에 전문 지식을 얻기 위해 선택을 한다. 하지만, 내면아이 상처 치유는 치유하지 않으면 나의 불행뿐만 아니라 타인에게도 큰 피해를 줄 수 있다. 심지어는 피해를 주다 못해 관계의 단절을 초래할 수도 있는 아주 중요한 부분이다.

우리 부모님이 할머니 할아버지에게 받은 그대로 자신을 하찮고 쓸모없는 존재라고 믿었다면, 우리 또한 받은 그대로 나 자신을 하찮은 존재로 믿게 된다. 하지만 이 믿음은 여기에서 끝나는 게 아니다. 적어도 5대까지는 이어진다. 사람은 내가 믿는 그대로 세상을 보게 된다. 이게 아닌데 싶어도 우린 받은 사랑, 본 사랑 그대로를 자신의 자녀들에게 그대로 물려주는 것이다.

아이를 키우는 부모나, 아이가 없는 젊은 사람들 모두 우리에겐 모두 내면아이가 존재한다. 즉 태어난 그 순간부터 우리의 내면 상처는 존재한다는 의미이다. 정확히 기억은 나지 않지만 어린 시절 부모에게 맞고 자란 아이가 있다고 치자. 매를 맞고 자란 아이는 자신의 아이도 때리게 된다. 이 사람은 아이를 어떻게 키우는지 배운 적이 없으므로 부모가 한 그대로를 하게 되는 것이다. 하지만, 사랑을 받고 자란 사람은 애초에 때릴 마음 자체가 들지가 않는다.

누가 당신에게 "야, 이 개새끼야!"라고 욕을 했다. 분노가 올라오는가? 만약 분노가 올라온다면 어린 시절 그런 욕을 들었던 사람이다. 하지만, 분노가 올라오지 않는다면 그냥 저런 사람이 있구나 하고 무심히 지나칠 수 있을 것이다. 어린 시절 매를 맞았거나, 욕을 듣고 자란 사람은 어린 시절 억압된 감정으로 살았다. 그렇기에 자신이 억압된 것을 남에게서 본다. 자신의 내면에 분노가 많아 공격하고 싶은 마음이 강하게 드는 것이다.

나는 한동안 불면증에 시달렸다. 평소 음식을 먹으면 5~10분 정도 안에 잠이 든다. 사람이 포만감이 느껴지면 몸이 나른해지고 졸음이 온다. 이 습관은 백화점 시절에 형성되었다. 점심시간은 한 시간. 식사하고 양치를 하고 매장으로 가기 전, 휴게소 소파에 앉아 잠시 눈을 붙이는 것이다. 이렇게 쪽잠을 자고 나면 개운해진다. 이때 형성된 습관으로 나는 밥을 먹으면 졸음이 온다. 하지만 불면증이 시작된 후로는 어떤 방법을 써도 잠을 잘 수가 없었다. 포만감 있는 음식도 먹어보고, 수면제를 먹어도 비몽사몽 누워만 있다.

이렇게 잠을 못 자면 온종일 몽롱한 상태에서 아무 일도 할 수가 없다. 하루를 망치는 것이다. 불면증이 있다는 것은 잡생각이 많다는 것이다. 생각이 생각을 꼬리를 물고 이어진다. 생각은 의식이고 무의식에 억압된 감정이 많기에 잠을 잘 수 없는 것이다. 사람들을 만나고 에너지 뱀파이어들에게 기를 빨리고, 풀어지지 않은 감정이 많다 보니 잠을 잘 수가 없었다. 내가 누군가에게 불면증을 일으키는 사람이라는 생각을 해본 적이 있는가? 치유되지 않은 내면아이로부터 본인은 익숙해져 때론 다른 사람에게 피해를 줄 수도 있다.

"평소엔 너무 착하고 좋은 사람인데…. 쯧쯧쯧".
어린 시절 동네 아주머니들이 동네 아저씨를 두고 이렇게 이야기하는 걸 들은 적이 있다. 성인이 된 지금도 "내 남편은 술만 안 먹으면 좋은 사람이에요…."라고 말하는 여자들도 있다. 사실 알코올에 의존한다는 것은 내 안에 풀리지 않은 분노가 많은 사람이다. 그래서 평소엔 말수도 적고 점잖은 사람이 술만 들어가면 목소리가 커지고, 욕을 하고, 싸움을 일삼는 것이다. 술을 깨고 나면 지난밤 실수한 일이 떠오른다. 아내는 잔소리를 퍼붓는다. 아내와 대화가 되지 않는다.

어린 시절 버림받은 억눌린 상처로 성장한 어른. 지난밤 저지른 실수가 있으니 아내 눈치를 보느라 집밖에 나가지도 못하고 다시 소주병을 기울인다. 미안한 마음에 주말이면 지인들을 만나면서 나 열심히 산다고 자랑도 한다. 어린 시절 보호받지 못한 마음을 아내에게 보상받고 싶다. 하지만 아내는 내 마음을 알아주지 않는다. 아내 역시 내면아이 치유가 안 된 어른이 되어 공감을 해주지 못하는 것이다. 그렇기에 서로의 좋은 관계를 위해서라도, 내 안에 분노하고 있는 내면아이 상처 치유를 꼭 해야 한다.

아이가 있는 집이나 없는 집이나 누구나 내면아이 치유는 꼭 필요한 과정이다. 알코올 중독자의 아내, 자식, 지인들이 그 피해를 고스란히 받으며 사는 이중 상처가 발생되는 것을 막기 위해서라도. 여자의 경우, 남편이나 아이들을 쥐 잡듯 잡는 여장부 스타일도 있다.

"너희 엄마, 또 왜 저런다니…"라고 흘려보낼 일이 아니다. 남편은 편안한 집 안에서 책도 보고 휴식을 취하고 싶은데, 노는 꼴을 못 보는 아내는 휴일이면 산으로 강으로 데리고 나간다. 또 청소기를 돌리게 하고 쓰레기를 버리고 오게 하는 등 잠시도 가만두질 않는다. 잔소리를 잠시도 쉬지 않는다. 이런 사람들이 밖에 나가면 또 어떤 사람에게 분노를 표출할까?

이런 엄마의 경우 어린 시절 이 세상에 온 것을 환영받지 못했을 가능성이 크다. 어린 시절엔 죽은 듯 잠만 잔다. 부모의 사이가 좋지 않아 돌봄을 받지 못했다. 그래서 가정의 설계자인 부모의 역할이 없던 가정에서 뭐든 열심히 한다. 잠시도 가만 있지 않고 부지런히 움직인다. 불안이 크기 때문에 무엇이라도 성취해 냄으로써 내면의 무기력을 덮는 것이다. 이것이 치유되지 않았기에 남편과 아이들에게도 강요하는 것이다. 이들은 안전하고, 자신의 부모가 아니므로 마음대로 시킬 수 있는 것이다.

이처럼, 상처받은 나의 내면은 단지 나의 문제만이 아니다.
'오로지 당신을 사랑하세요. 당신은 축복받은 존재예요. 당신은 신성한 존재입니다.'
입바른 말처럼 하는 말이 아니다. 당신은, 내 배우자를 사랑하고, 내 아이를 사랑하고, 내 부모를 사랑하고, 내 애인을 사랑하고, 내 친구를 온전한 마음으로 사랑하고 싶은 사람이다. 하지만 자꾸 마음과 다르게 관계가 삐걱거릴 때, 지금이야말로 내면아이 상처 치유가 절실하게 필요한 단계이다.

　누가 물건을 강매하듯이, 종교를 강요하듯이, 어쩔 수 없이 해야 하는 일이 아니다. 투덜대도 우리는 밥 때가 되면 밥을 먹고, 갈증이 나면 물을 마시는 것 자체가 이미 나는 나를 사랑한다는 뜻이다. 나의 내면아이에게 사랑을 베푸는 성인 자아로 돌아가 진정으로 알아봐주면 된다. 이는 생산적이며 즐거운 인생의 핵심이 된다. 이를 통해 타인과의 친밀한 관계를 맺을 수 있는 능력이 생긴다. 나와 내가 사랑하는 사람들을 위해서 올바른 사랑 실천을 위해 지금 내면아이 상처 치유가 시급한 것이다.

02

나는 조작된 관습의 피해자였다

"평범하다는 것은 현대판 노예라는 뜻이다."
ㅡ『부의 추월차선』, 엠제이 드마코

우리는 어린 시절부터 관습이란 이유만으로 이해되지 않고, 따르고 싶지 않은 일조차 묵묵히 받아들이며 살아왔다. 그게 맞는지 틀린지 모른 채로 어른들이 하라니까, 선생님이 하라니까 무작정 말 잘 듣는 착한 아이가 되는 것이다. 여기에서 조금이라도 틀어지면 어른들은 "누구 닮아서 고집이 그렇게 세니?" 혹은 동네 누구의 자식과 비교를 당하게 된다. 그 수치심이 싫으니 어쨌든 부모님이 하라는 대로 따르게 된다.

그렇게 학교란 곳을 다니고 성인이 돼 사회생활을 하게 된다. 사회생활을 하면서 여러 부류의 사람을 만나게 된다. 당신은 분명히 부모님께 선생님께 받은 교육이 전부인 줄 알고 살았다. 하지만, 나와 다른 사람이 너무 많다는 걸 알게 되면서 혼란을 겪게 된다. 나와 다른 사람들을 비난하며 자신의 말이 바르다고 이기고 지는 싸움을 한다. 나보다 약자인 것 같은 사람들에게 큰소리를 내면서 자기 말이 옳다고 외쳐댄다. 그런 과정에서 관계의 틀어짐이 일어난다.

나의 고향은 충청남도 홍성이다. 고등학교까지 홍성에서 자랐다. 나는 서울로 올라가고 싶었다. 서울엔 친구도 있고, 둘째 오빠도 있었기 때문에 그 이유를 대며 어렵게 엄마의 허락을 받아 서울로 올라왔다. 지금은 지방도 문화 활동이 가능한 곳이 많이 생겨 다양한 활동을 할 수 있지만, 내가 어릴 적만 해도 집과 학교 외엔 갈 곳이 없었다. 홍성이란 곳엔 그때 당시 천냥 백화점(지금의 다이소 같은) 하나, 영화관도 하나밖에 없었다. 장을 보려면 5일장을 기다려야 했다. 그래서 큰 영화관이나 백화점을 가려면 천안이나 대전으로 가야 했다. 그렇기에 서울은 로망의 도시였다.

낯선 서울 생활을 하면서 마음에 맞는 언니들도 사귀게 되었다. 그리고 그 언니를 통해 동대문운동장역 두산 타워에 취직하게 됐다. 그때 두산 타워는 막 완공이 끝난 신규 쇼핑몰이었다. 그곳에서 1년가량 일하는 도중, 앞 매장 언니의 고향이 예산이란 이유로 난 그 언니를 친언니처럼 따랐다. 그 언니도 나를 친동생처럼 대해주었다. 그러던 중 그 예산 언니의 소개로 또 다른 예산 언니를 소개받았다. 그 언니는 백화점을 다녔는데 백화점으로 오라고 했다.

두산 타워에서 함께 일하던 언니는 결혼과 동시에 직장을 그만두어야 했다. 친언니처럼 따랐던 언니가 없는 직장은 내게 두려움이었다. 그래서 소개받은 언니 따라 백화점을 다니기로 했다. 백화점엔 홍성의 자그마한 시골과 두산 타워에서는 볼 수 없는 값비싼 물건들이 럭셔리하게 전시되어 있었다. 나는 그렇게 서울 한복판 그것도 압구정에 있는 현대백화점이라는 큰 백화점에 취직하게 된 것이다. 나는 선글라스 판매장에 출근하게 됐는데 세상에 선글라스 하나에 30만 원에서 80만 원대까지 있었다. 나는 눈이 휘둥그레질 수밖에 없었다.

그 어느 때보다 일을 열심히 했고 열심히 배웠다. 일이 끝나면 언니들과 백화점 앞 호프집에 들러 감자튀김이나, 돈가스 등을 먹으며 시원한 맥주 한잔을 마시는 시간은 정말 하루 중에 피로를 풀어주는 활력소가 되었다. 하지만, 문제는 나의 식성이었다. 나는 김치찌개, 된장찌개, 김치 등 내 입이 굉장히 시골스러운데, 언니들이 데리고 가는 곳들은 기름진 음식들이 대부분이었다.

한번은 사장님께서 우리가 단골이라며 샐러드를 서비스로 주셨는데 나는 그걸 먹지 못했다. 내가 아는 샐러드는 치킨집에서 주는 양배추를 잘게 썰어 케첩과 마요네즈를 섞어주는 게 전부인데 서울에서 나오는 샐러드의 드레싱은 올리브유이었다. '달걀부침이나 볶음요리에만 쓰는 줄 알았던 기름을 채소에 뿌려주다니….' 채소는 모름지기 소금으로 절여서 빨갛게 버무리는 음식인 줄 알았던 나였으니 처음 만난 샐러드의 추억은 지금도 잊지 못한다.

만약 어린 시절 그런 음식을 먹어보았다면 그렇게 낯설진 않았을 것이다. 나는 원래 고기도 좋아하지 않고, 기름진 음식을 좋아하지 않는다. 내가 아는 기름진 음식은 막내 오빠가 월급날마다 노란 봉투에 사 오는 치킨이 전부였다. 그렇게 고기를 좋아하지 않는 나지만 오빠가 사 오는 월급날의 옛날 치킨은 맛있었다. 그런 나를 위해 식구들은 닭다리는 모두 나에게 양보했다. 그런데 서울엔 모든 음식이 고기에 기름진 음식들이었다. 음식이 입에 맞지 않아 그때 살이 8kg 정도 빠졌던 것 같다.

어린 시절 나는 엄마에게 귀에 못이 박이도록 들은 얘기가 '카드 만들면 집안 망한다.'라는 말이다. 한번은 백화점에서 카드를 만들라고 했다. 모든 직원이 그 백화점의 카드를 가진 것은 당연한 일이고 신입 직원들도 모두 만들었다. 그런데 나는 겁이 나서 만들 수가 없었다. 엄마가 하신 말씀이 떠올라서 카드를 만들면 정말 큰일이 날 것 같은 마음 때문이다. 이런 나를 위해서 예산 언니가 친절하게 설명해주었다. 아무래도 같은 고향 사람이어서인지 정서를 잘 이해해주었다. "너희 어머니께서 카드를 만들지 말라는 건 네가 무분별하게 쓸까 봐 염려돼서 그런 거야. 하지만, 포인트 적립도 되고 쓸 만큼만 쓰면 오히려 현금 쓰는 그것보다 나아. 괜찮아. 만들어."라고 설명해주었다.

하지만 엄마를 원망하는 건 아니다. 주변에서 카드빚으로 고생하는 사람들을 봤기 때문에 내 딸은 그러지 않길 바라서 그랬다는 걸 알기 때문이다. 나는 내 주변에 나를 이해하고 친절한 사람들이 많아 다행이라고 생각한다. 말썽이 자주 생기는 맞지 않는 성향의 사람들 투성이였다면 어땠을까? 샐러드에 손도 못 대고 있고, 기름진 고기는 먹는 둥 마는 둥 하며 단무지만 먹고 있는 나를, 세상 물정 몰라 카드도 시원하게 만들지 못하는 멍청이라고 비난했다면 나의 사회생활은 어땠을까?

내가 엄마를 원망하는 마음은 없지만, 그래도 다양한 경험을 할 수 있는 상황이었더라면 어땠을까 하는 생각을 가끔 한다. 나는 음식 만드는 걸 좋아한다. 다양한 음식을 접할 수 있던 환경에서 자랐고, 서울 생활을 했더라면 어쩌면 음식 만드는 것에 흥미를 느껴 조리사 자격증을 딸 수도 있었을 것이다. 부모라는 이유로 아이들을 가둬놓는 부모가 존재한다. 흔하게 마트를 가보아도 꼬마가 이것저것 만지며 엄마의 눈치를 보며 사달라고 한다. 하지만 엄마는 "안 돼! 내려놔!"라고 물건을 만지지도 못하게 한다.

미취학 아이들은 엄마를 통해 모든 교육을 배운다. 말투, 사상, 심지어는 행동까지 말이다. 아이들의 말이나 행동을 보면 그 엄마의 평소 모습이 보이기도 한다. 이런 외부에 나왔을 때 남을 의식하지 않고 무심코 나오는 엄마의 말과 행동에서 아이들은 상처를 받기도 하고 배우기도 한다. 엄마가 말이 없고 아이 얘기를 잘 들어주지 않는 경우엔 아이는 남들에게 말을 잘하지 못한다. 심지어는 인사도 못 하고 엄마 뒤에 숨는다. 하지만 엄마가 보이지 않는, 안전하다고 느끼는 사람에겐 곧바로 수다쟁이가 된다.

이렇듯 부모는 자신도 모르는 사이 자신의 습관을 아이에게 그대로 노출시키게 된다. 그러면 아이가 그대로 따라 하게 된다. 이것이 어린 시절부터 습득되는 가정교육이다. 이제부터라도 나를 돌아보고 나의 장단점을 적어본다. 그리고 단점을 하나씩 바꿔 지워나가는 노력을 해보자. 당신조차도 단점이라고 생각하는 당신의 그 단점을 아이가 됐든, 자신의 짝꿍이나 당신이 사랑하는 이가 그대로 하는 모습을 상상해보라. 그래도 그 습관을 계속 갖고 갈 생각인지.

당신은 지금 어린 시절의 분노와 상처가 치유되지 않은 채로 불안 불안하게 살아가고 있다. 지금 곁에 사랑하는 사람을 두고 있다면 그 짝꿍은 엄청난 인내를 하며 고통 속에 버티고 있을지 모른다. '이 방법이 치유일까?' 고민할 필요 없다. 당신이 내면아이에게 먼저 손을 내밀어주자. 그 아이의 소리를 들어주려는 행동 하나만으로 내면아이는 이미 당신의 이야기를 들어줄 생각으로 미소 띤 얼굴로 간절히 기다리고 있다. 조작된 관습을 미련 없이 털어버리고 나와 내면아이가 모두 행복할 수 있는 의미 있는 일로 나를 채울 시간이다. 지금 시작해도 늦지 않았다.

03

나도 이번 생은 처음이라

"사람이 남을 속이려고 할 때
그것은 남을 속이는 것이 아니고
자기 자신을 속인다는 것을 알아야 한다."
– 랄프 왈도 에머슨

나는 이번 생이 처음이다. 이 글을 읽고 계신 분들 모두 이번 생은 처음일 것이다. 그렇다면 우리 부모님들도 마찬가지가 아니었을까? 간혹 부모님 원망하는 사람들을 만나게 된다. 그때 아버지가 바람만 피지 않았더라면, 우리 집에 돈이 많았더라면, 노름을 하지 않았더라면. 그랬더라면, 그랬더라면…. 하지만 돌아오지 않을 시간이다. 우리의 인생은 이제 우리가 스스로 개척하고 개선하고 발전하며 살아가야 한다. 부모님들도 이번 생이 처음이듯이 부모로서도 처음이라 모를 수 있었다고 생각해보면 어떨까?

마땅히 받아야 할 사랑이지만 부모님도 부모가 처음이어서 서툴고 알지 못해서 줄 수 없었다. 하지만 어린아이는 내가 못나서 사랑을 주지 않았다고 생각한다. 이 충족되지 못한 욕구와 감정은 결핍으로 남는다. 이 결핍을 채우고자 하는 갈망이 생기면서 무언가에 대한 강한 집착으로 변형된다. 바람을 피우거나 어떤 대상을 마구 찾아다니는 사람들이 있다. 하지만 순간적으로 만족하지만, 곧 시들해진다. 그러면 곧 다른 대상으로 이어진다. 그 대상이 사람이든 중독이든.

나는 서울에서 직장 생활을 할 때 집에 혼자 있는 것에 대한 두려움이 컸다. 그래서 일이 끝나면 배가 안 고파도 식사 약속을 잡고, 술을 마시고 싶지 않아도 술 약속을 잡았다. 어떻게 해서든 밖에서 시간을 최대한으로 때우고 집으로 들어가 곯아떨어지듯 잠을 잤다. 곰곰이 생각해보니 어린 시절 엄마와 언니 오빠가 나만 집에 두고 농사일을 하러 나갔던 트라우마가 있었다. 가족들이 나쁜 마음은 아니었지만 홀로 남겨짐에 대한 공포가 남아 있었다. 텅 빈 방안을 보면 어린 시절 홀로 있던 어린 내가 투사돼서 힘이 들었다.

요즘은 맞벌이가 많다. 엄마가 출근하려고 하면 아이가 떼를 쓰면서 숨이 넘어가도록 운다. 아침마다 전쟁을 치르는 엄마들이 많다. 하지만, 아이에게 진지하게 돈을 벌어야 맛있는 거 사주고 장난감도 사준다며 이해를 시켜야 한다. 엄마가 어디에 있든 널 사랑한다고 말해주고 몇 시에 집에 돌아온다는 약속을 해주어야 한다. 이런 과정 없이 출근 시간에 허겁지겁 나가거나, 아이가 안 볼 때 몰래 나가는데 아이들은 엄마가 일하러 가는지 알지 못한다. 나만 두고 떠난다고 생각하는 것이다. 어릴 적 내가 그런 두려움을 느낀 것처럼 말이다. 나만 빼고 온 가족이 떠나가고 혼자 남은 남은 상실감.

결혼한 유부남인 내 친구에겐 늘 애인이 있다. 그 친구가 가는 곳이면 어디든 그 애인이 늘 따라다닌다. 하지만 그 친구만 있는 게 아니었다. 여자를 만나면 짧게는 몇 번, 길게는 몇 년을 만난다. 한번은 궁금해서 가정도 있으면서 왜 그렇게 여자를 만나느냐고 물어봤다. 그냥 여자가 따른다는 것이다. 이혼하고 오면 받아준다는 여자친구의 엄마도 있었단다. 하지만 그 친구는 이혼할 마음이 없다고 한다. 여자를 오래 만나면서 결혼 얘기가 나오거나 아내를 질투하면 곧 그 애인과 헤어진다고 한다.

내막을 알고 보니 어린 시절 딸을 원했던 집안에 아들로 태어났단다. 엄마의 배 속에서부터 성별을 부정당한 아이는 자라면서 자신은 돌보지 못하게 된다. 대신 온 집안을 보살피게 된다. 궂은일을 도맡아 한다. 위로 형이나 누나가 있어도 스스로 일을 찾아서 함으로써 자신의 존재감을 스스로 찾으려 한다. 그렇게 인정받고 싶어 고된 삶을 살게 되는 것이다.

성인이 되어 사회생활을 하면서도 자신과 연관된 사람의 소소한 일까지 참견하느라 때론 오지랖을 떤다는 소리도 듣게 되는 것이다.

딸을 원하는 집에서 아들로 태어났으니 유난히 수동적일 수밖에 없다. 오지랖을 떤다는 건 활동적인 것과는 다른 의미이다. 자신을 알아봐달라고 인정해 달라고 본래의 내 성향을 덮어둔 변형된 모습이다. 남자든 여자든 존재 자체를 환영받지 못하면, 스스로 부모 중 한 사람의 역할인 대리 배우자 역할까지 하게 된다. 그렇게라도 자신의 존재를 알리고 싶은 것이다. 그렇게라도 사랑을 받고 싶은 것이다. 부모는 딸은 딸로, 아들은 아들로서 엄마가 온전히 축복을 해주어야 한다.

엄마가 시부모님의 눈치를 보느라 자식의 성을 있는 그대로 축복해주지 못했다면 이 아이는 무의식에 칼을 감추게 된다. 이는 엄마에게 복수하겠다는 뜻이다. 불행을 선택함으로써 아들이 행복한 모습을 보며 가질 엄마의 기쁨을 느끼지 못하게 하는 방법을 택하게 되는 것이다. 어린 시절의 자화상을 버린 채, 사랑하지 않는 여자를 선택함으로써 행복하지 않은 모습을 보여주며 본인 역시 불행하게 사는 것이다. 이는 의도해서 그런 삶을 살 수도 있지만, 나도 모르는 사이 나의 내면이 저지르는 만행일 수도 있다. 이 얼마나 슬픈 복수의 삶인가!

학창 시절 여자아이인데 유난히 남자처럼 행동하는 아이가 있었다. 행동도 말투도 심지어는 머리 모양이나 옷까지도 남자처럼 하고 다녔다. 반대로 남자인데도 여자처럼 옷도 파스텔 색조로 입거나 말투나 행동도 여자아이처럼 하는 사람도 있다. 이들의 어린 시절로 돌아가면 자신의 성별을 있는 그대로 부모가 축복해주지 못한 경우가 대부분이다. 이렇게 억압된 감정은 나만의 기쁨을 찾기 위해 유혹을 선택하게 된다. 나의 친구가 그런 것처럼 어린 시절 억눌린 감정을 성인이 되어 나만의 기쁨을 찾아 헤매게 됐다.

그 옛날 우리의 엄마가 살았던 시대는 오로지 아이를 내 마음에서 우러러 나오는 대로 사랑할 수 없던 시대는 분명하다. 시어머니의 아들 타령, 아들만 있는 집에 딸을 기대했으나 또 딸을 낳았을 때의 죄책감. 또는 아들을 못 낳은 죄로 남편의 바람을 묵인해야 하는 여자의 삶. 이는 엄마 자체가 사랑이 부족해서가 아니다. 그 시대의 시대 반영인 것이다. 엄마라고 왜 내 자식이 귀하지 않았겠는가? 성인이 된 내가 엄마를 이해해주자. 그리고 반항하듯 헛된 기쁨을 찾느라 허탈감만 더할 필요 없이 내가 오로지 나를 사랑해주자. 갈증 날 때 소금을 먹으면 갈증만 더할 뿐이다.

『내가 확실히 아는 것들』의 저자 오프라 윈프리는 이런 말을 했다.
"항상 감사한 마음을 가지기는 쉽지 않다. 하지만 당신이 가장 덜 감사할 때가 바로 감사함이 가져다줄 선물을 가장 필요로 할 때다. … 감사하는 것이야말로 당신의 일상을 바꿀 수 있는 가장 빠르고 쉬우며 강력한 방법이라고 나는 확신한다."

나에 대한 사랑과 감사가 없을 때 사람들은 기쁨을 다른 곳에서 찾으려고 한다. 혹은 만만한 상대의 탓으로 돌려버리기도 한다. 기억해야 할 사실은, 불행한 결과든 행복한 결과든 어느 순간에도 최후의 선택은 내가 했다는 사실이다. 시대 탓, 상황 탓, 부모 탓을 하며 살기엔 우리는 적지 않은 세월을 살아왔다. 누구나 이번 생은 처음이다. 하지만 왜 누구는 행복하고 누구는 불평불만 가득한 채 살아가는 것일까? 빈부 격차의 문제가 아니다. 새벽 청소부 일을 마친 홀아버지가 집으로 돌아가 아이들 밥 챙겨줄 때 가장 행복함을 느낀다는 기사를 본 적이 있다. 내가 할 수 있는 일에 감사하고 돌봐줄 아이들에게 감사하기 때문이다.

매 순간 일어나는 모든 일에 감사함을 찾아보자. 힘든 오늘 일과를 마쳤을 때 고된 하루를 참 잘 보냈다고 스스로 칭찬을 해주자. 공원 벤치에 앉아 바람 냄새를 맡고 낮에 잠시라도 짬을 내서 하늘 한 번 올려다보며 '감사합니다.'라고 말해보자. 차 한잔을 마시며 하루 단 5분이라도 나를 느껴보자. 감사일기를 쓰는 일도 아주 좋은 방법이다. 잠이 들 때 절대로 울거나 화가 난 채, 분노로 잠이 들면 안 된다. 잠자는 동안 우린 좋은 에너지를 보충하게 된다. 하지만 분노로 잠이 든다면 긍정 에너지가 들어올 수 없을 뿐만 아니라, 다음 날도 망치게 된다는 걸 기억해야 한다.

04

혼자 있을 때조차 행복을 선택하라

"만약 당신이 스스로 속이는 것이라면
이제는 멈추고 도약을 계획할 때이다."
- 『나는 4시간만 일한다』, 팀 페리스

당신 주변에는 어떤 사람들이 있는가? 내 주변 사람 5명을 살펴보자. 그 5명의 모습이 지금의 나의 모습이란 말이 있다. 틈만 나면 누구의 욕을 하고, 비난하고 비웃는 데 시간을 쓰는 사람들이 있다. 또는 드라마 이야기나 남의 로맨스에 관심이 많은 사람이 있다.

지금 자기 일은 충실하지 않으면서 다른 직장 사람 이야기 심지어는 사장들을 평가하는 직원들도 있다. 그런 종류의 사람들이 혹시 당신의 주변 사람 중 대부분이라면 나라고 다르지 않다는 이야기이다.

물론 비난받을 만한 사람이 있을 수는 있다. 하지만 사람들을 비난하면서 툴툴거리는 사람을 관찰해보자. 사실은 비난받은 사람보다 툴툴거리는 사람이 더 문제가 있는 경우가 많다. 그 사람은 그 대상이 누구였든 상관없이 비난한다. 그 사람은 지금 당신에게 남을 욕하고 있지만 명심하자. 다른 곳에서는 당신 욕을 하고 있다는 사실을! 나는 어느 순간 남의 뒷담화를 하는 사람을 유심히 관찰해보았다. 처음엔 욕하는 그 사람을 상대로 "진짜?" "정말? 못됐네!"라고 맞장구를 쳐주었다. 그런데 그 횟수가 하도 잦아 그 욕을 하는 친구를 보게 되었는데 그 사람은 상대를 가리지 않고 험담하는 사람이라는 결론이 나왔다.

투덜거리거나 늘 울상을 지으며 앵앵거리는 사람들이 있다. 다른 사람과 가까워지면 상처를 받을까 봐 늘 방어를 한다. 분노함으로써 더 다가오지 못하게 보호막을 치는 것이다. 가슴에 분노와 슬픔이 가득 차 있다. 남을 욕하고 어떤 정보를 알려줌으로써 상대의 호응을 얻어내면 마치 대단한 일을 한 듯한 뿌듯함을 느낀다. 이는 살아남기 위해 어린 시절부터 습관화된 방어기제이다. 이런 것들이 어린 시절에는 통했을지 모른다. 하지만 성인이 되고 사람들의 지식이 나날이 높아짐으로 통하지 않게 된다. 불행하게도 당신 주변에 이런 사람들이 많다면 당신도 같은 사람인 것이다. 같은 사람이 아니라면 벌써 차단했을 것이고, 당신 주변의 지인이라고 말하지 않았을 테니까.

나도 한때 그랬던 적이 있다. 집에 너무 들어가기가 싫어서 사람들에게 30분만 더, 1시간만 더 나랑 좀 있어달라고 졸라댔다. 술을 잘 마시고 술을 좋아해서 그랬던 건 아니다. 식사하는 건 시간의 한계가 있지만, 술자리는 좀 길어질 수 있기에 술자리를 선택했다. 딱히 대단한 대화를 나누는 것도 아니다. 지금 생각해보면 그때 나의 부탁을 들어준 이들에게 감사하다. 하지만, 돌이켜 생각해보면 얼마나 미안한 일인지 깨닫는다. 별 일 없이 남의 시간을 빼앗은 것이다. 당신이 시간을 보내달라고 할 때 있어주는 사람은 딱 두 종류이다. 하나는 나를 아끼는 사람이다. 또 하나는 내가 돈을 쓸 때이다.

그래도 그때는 상황이 나은 편이다. 어떤 때는 내가 원하지 않는 시간을 내 돈을 써가며 남의 뒷말이나 어린 시절의 푸념을 들어야 할 때도 있다. 가끔 이런 푸념을 들을 때면 지난날의 나를 반성해보기도 한다. 그 사람은 자기 집으로 돌아가 영화를 보거나 자기계발을 할 수 있는 소중한 시간을 내가 빼앗았던 것 아닌가! 단지 내가 외롭다는 이유로.

그렇다면 나는 어떻게 나를 사랑하고 자유시간을 소중히 다루기 시작했을까? 제일 중요한 것은 내면아이 치유를 한 것이고, 두 번째가 나를 사랑하고 난 후부터이다. 적을 알고 나를 알면 백전백승이라 했던가? 사실 내가 나를 아는 것이 얼마나 중요한 일인지 깨달았다. 내가 나를 정확히 알지도 못하면서 푸념을 하고 남들에게 도와달라고 애원해봤자 그들이 나에게 해줄 수 있는 일은 그저 옆에 있어주는 것밖에 없다. 하지만 그렇다고 일이 해결되는 것은 아니다. 하루가 지나면 또다시 허탈함에 같은 일을 반복하는 것이다.

우선 내가 무엇을 할 때 기쁘고, 어떤 때 슬픈지를 적어보자. 그 적은 리스트를 꼼꼼히 생각해보자. 지금 겪고 있는 그 문제가 정말 문제인지를 살펴보고 두려워하는 일을 하나씩 풀어보는 것이다.

『나는 4시간만 일한다』의 저자 팀 페리스는 말했다.

"우리가 가장 두려워하는 일은 대개 우리가 꼭 해야 하는 일이다. 당신이 두려워하는 일을 날마다 한 가지씩 하겠다고 결심하라."

사실 신은 우리에게 극복할 수 있는 시련만 주신다고 한다. 지금 나에게 당면한 문제는 풀 수 없는 문제가 결코 아니라는 것이다. 지금 이 시련은 내가 풀 수 없는 문제가 아니라 아직 내가 풀어본 적 없는 생소한 문제일 뿐이다. 남의 문제도 아니고 내 문젠데 그 문제의 답은 언제나 나밖에 모른다는 뜻이다. 남에게 의존하지 마라. 자신의 문제로 타인의 시간과 에너지를 소비시키지 마라. 나중으로 미루지 마라. '나중에', '언젠

가는'은 당신이 늘 꿈만 꾸다가 시간만 흘려보내고 생을 마감하게 하는 몹쓸 병이다.

나의 문제는 외로움이었다. 형제는 많았지만, 나이 차이가 크게 나다 보니 속닥속닥 풀어놓을 사람이 없었다. 그리고 막내라는 특별대우를 받으면서 집에만 곱게 있다 보니 (오빠들은 농사일을 나갔다) 혼자라는 외로움이 몹쓸 병이 되었다. 그러다 어느 순간 번쩍 정신이 차려졌다. 어린 시절 가족들이 나를 왕따를 시킨 게 아니고, 귀하게 여겨준 것이다. 성인이 되고 혼자 살다 보니 더 외롭다고 느껴졌지만 다르게 생각하면 내 시간이 남들보다 많다는 것이다.

자살을 시도할 만큼 지독한 외로움에 시달렸지만, 그 순간 나는 깨달았다. 나는 나 자신을 스스로 목숨을 끊을 만큼 하찮게 생각하지 않는다는 것이다. 매일 밥을 먹고, 청소도 하고, 이부자리도 항상 깨끗하게 한다. 이건 죽으려는 사람의 행동이 아니지 않은가?

그렇다면 내 인생인데 내가 나를 사랑해보면 어떨까? 그러면 어떻게 하는 게 나를 사랑하는 거지? 책을 보니 낯간지럽게 자꾸만 나한테 사랑한다고 말해주라는 것이다. '아이고 민망해라….' 하지만 돈 드는 것도 아니고 무거운 엉덩이를 들어야 하는 문제도 아닌데 '까짓 거, 해보지.'란 생각이 들었다.

그랬더니 정말 신기한 일이 생겼다. 샤워하면서 "어머, 넌 어쩜 피부가 이렇게 매끄럽고 하얗니? 너무 예뻐. 어머, 어제보다 얼굴이 작아졌네? 고마워, 사랑해." 음식을 먹으면서도 "너 콩 별로 안 좋아하는데 잘 먹네? 대단해. 몸에서 이 영양소가 필요하나 보네. 꼭꼭 씹어서 많이 먹어. 더 건강해지겠는걸?"이라고 말해주니 콧노래가 절로 나왔다. 실제로 몸무게 변화는 없어도 다리는 점점 날씬해지고 똥배도 사라지는 느낌이 들었다. 내가 나에게 감사를 하고 예뻐해주니 더 예뻐지려고 노력하는 내가 보였다.

그토록 혼자 있는 걸 싫어하던 내가 한번 책을 붙들면 날이 새는 줄 몰랐다. '라붐 시크릿TV' 영상을 찍으면서도 혼자 신바람이 났다. 종일 우울하다가도 영상만 켜면 생글생글 웃으면서 마치 외운 대본을 읽듯 술술 말도 잘하기 시작한다. 구독자분들이 '목소리 너무 좋아요, 어디 대본 써놓고 읽으세요? 말씀 너무 잘하세요, 동기부여 팍팍 돼요.'란 말씀을 해주실 때마다 힘이 절로 솟는다. 사실 외로울 시간이 없다. 내가 나를 사랑하고 난 후부터다. 내가 하는 모든 일이 재미나다. 혼자 있을 때조차 나를 사랑해주니 모든 일이 재미없을 수가 없다.

그래서 나는 감히 얘기할 수 있다. 가족 먼저 말고, 나 먼저 사랑하라고! 나를 사랑하라고 말이다! 단순하고 누구나 아는 이 말이 가진 위력은 감히 상상도 못 할 만큼 강력하다. 나를 얼마나 가치 있게 만드는지! 이 책을 읽는 모든 분이 꼭 느끼길 바란다. 즐거운 예감이 든다. 이 책을 든 당신이 이미 자신을 사랑하는 사람이라는 확신이 들기 때문이다. 나를 사랑하는 시간, 나를 성장시키려는 긍정적인 마음이 있기에 이 책을 읽고 있다는 걸 알기 때문이다.

05

이유 없이 당당해지기

"두뇌야, 고마워. 내 생존을 위해 이런 소용돌이 감정을 만들어 내다니. …
나에게 오늘은 어떤 깨달음을 주려고 이런 감정을 선사하는 거니?'
이렇게 반갑게 인사를 건네고 나면 어느새 평화가 온다."

— 『왓칭』, 김상운

2020년 1월 코로나19 바이러스가 우리나라에 시작되었다. 자영업을
하는 나는 직격타를 맞을 수밖에 없었다. 한 달 한 달이 지나가고 긍정적
인 마음으로 애써 살지만, 내 마음과 현실의 격차가 너무 커서 울분을 토
하기도 했다. 그러던 어느 순간 감기처럼 단순한 바이러스는 아니란 생
각이 들었다.

'이 아이가 나에게 알려주려는 신호가 무엇일까?'
'아…. 나를 알아보라는 거구나? 아, 그거구나!'

사실, 이 코로나19 바이러스로 바뀐 세상에 많은 사람이 여러 상황에서 각자의 고심도 하고 결론도 내렸을 것이다. 많은 사람이 폐업하고, 직장을 잃어버리고, 빚더미에 올랐으며, 심지어는 스스로 목숨을 끊는 일까지 벌어졌으니…. '잠깐 이러고 말 거야.' 했던 상황은 쉽사리 끝나지 않았다. 내가 방황하고, 꿈을 찾고, 첫 책『하루 1시간 음악의 힘』원고를 집필하고, 출판사와 계약을 하고, 책 출간이 되는 시간 동안 말이다.

첫 책을 쓸 때만 해도 나는 감히 두 번째, 세 번째 책을 쓸 거라는 상상조차 못 했다. 이번 책을 집필하면서도 '이놈의 코로나, 이왕 시작한 거 제대로 해보라고 이러는 거야? 알았어! 내 안의 에너지는 무궁무진해. 해볼게.' 그리고 나는 코로나의 뜻을 알아차렸다. 어차피 내 손으로 손쓸 수 없는 어떤 상황이 벌어졌다면 난 그걸 내 기회로 삼겠어. 사실 사람이란 한번 마음먹기가 힘들지 한번 실행해보면, 그 방법을 터득하고 2번의 기회를 잡게 된다. 작은 성공들이 이루어지면 그다음 성공은 두려움이 아니라, 기분 좋은 도전이 된다.

하버드대학의 테일러(Jill Taylor) 박사는 다음과 같은 말을 했다.

"부정적 생각이나 감정의 자연적 수명은 90초이다. 우리가 화를 내는 순간 스트레스 호르몬이 온몸의 혈관을 타고 퍼져 나가는데, 90초가 지나면 저절로 완전히 사라진다."

나는 이 말이 사실임을 확인할 상황이 있었다. 그날도 여느 때처럼 의욕 넘치는 하루를 위해 기분 좋게 나의 반려견 딸기와 산책을 했다. 집에 돌아와 향기 좋은 세정액으로 거품을 내어 먼지도 씻어냈다. 산책하고 샤워까지 하니 기분이 좋아 콧노래까지 부르며 즐거운 하루를 시작했다. '즐거운 일터로 일하러 갈 수 있어서 행복해. 감사합니다. 난 일하는 게 너무 좋아.' 그렇게 기분 좋게 나의 라이브 카페 '라붐'으로 출근을 했다.

요즘 경기가 워낙 불황이긴 하지만 그날따라 유난히 손님이 없었다. 방송에서 코로나 관련 사건 하나가 터지면 사람들은 기가 막히게 상황을 알아차린다. 마음을 비우리라 다짐을 해도 때로는 맘처럼 되지 않을 때도 있기 마련이다. 그렇게 쓸쓸한 일과를 마치고 집에 가려는데 아는 동생 한 명이 가게로 왔다. 손님으로 가게에 오는 사람도 있지만, 간혹 일 끝날 때 맞춰 연락이 오는 사람들도 있다. 맥주 5병을 간신히 마시더니 끝날 때 됐으니 나가서 회를 사달라는 것이다. 유쾌한 상황은 아니었지만 그러기로 하고 밖으로 나갔다.

자주 가는 횟집으로 갔다. 회며 전어구이며 이것저것을 시켰다. '그래, 뭐 이런 날도 있지.' 편하게 맛있게 먹으라고 했다. 그런데 예고도 없던 사람들이 하나둘씩 투입이 되는 것이다. 나는 보통 미리 말해주지 않았던 사람이나 내가 불편한 자리엔 참석하지 않는다. 처음 보는 여자 동생들이 하나둘씩 등장했다. 이미 술에 취해 있는 동생들의 푸념이며 술주정까지 받아줘야 했다. 나는 점점 자리가 불편해졌지만, 이대로 일어나는 것은 누나로서, 언니로서 예의가 아닌 것 같아서 불편한 상황을 이어갔다. 알지도 못하는 관심도 없는 이야기들이 그렇게 이어졌다.

시간이 흐르고 그 남동생은 자신이 운영하는 라이브 카페에 가자는 것이다. 나는 더 이상의 시간은 의미가 없는 것 같아서 우리 가게 마스터 샘에게 카드를 주고 먼저 일어섰다. 아무리 사람이 내 맘 같지 않다고 해도 장사도 못 해 속상한데 모르는 사람들과 관심도 없는 대화로 이 시간까지 있던 나 자신에게 너무너무 화가 났다. 게다가 거의 공을 치다시피 한 날인데 라이브 카페 사장에게 다른 라이브 카페를 가자고 하는 무례함을 더는 수용할 수 없었다.

나는 집으로 돌아와 옷을 갈아입고 운동화를 갈아 신고 나의 반려견 딸기를 데리고 산책을 했다. 집에 있으면 잡생각이 들고 끓어오르는 화를 참을 수 없을 것 같았기 때문이다.

얼마간의 산책을 마쳤을까? 집에 돌아오니 1시간 정도가 흐른 것 같았다. 송골송골 맺힌 땀에 나는 기분이 좋아졌다. 샤워를 마치고 명상 영상을 틀어놓고 곯아떨어지듯 잠이 들었다. 함께한 동생들은 아침 8시까지 술을 마신 모양이다. 나는 신경 쓰지 않았다. 만약 내가 그 자리에 끝까지 있었다면 참다못해 화를 냈을 것이다. 테일러 박사가 '부정적 감정의 수명은 90초이다.'라고 하지 않았던가! 그런데 왜 많은 사람들의 분노는 90초 이상 가는 것일까? 그것은 우리 스스로 이 부정적 상황에 스스로 나쁜 생각과 감정을 더하기 때문이다. 더한 부정적 잠정이 올라오지 못하도록, 산책을 한 일은 현명한 선택이었다.

나는 이날의 일로 테일러 박사의 말이 사실임을 증명한 셈이다. 우리가 정말 화가 날 때 전혀 다른 일을 하면 그 일을 잊게 된다. 적어도 화가 난 장소, 화가 난 사람을 피하는 것도 한 방법이다. 분노한 상황과 전혀 다른 일을 하는 것도, 하나의 방법이다. 또 하나 추천하는 방법은 독서이다. 소설이든, 수필이든, 자기계발서든 내가 관심 있는 분야의 책을 읽으면 된다. 이 방법은 현재 상황을 회피하는 게 아니라, 다른 일에 정신을 집중하는 방법이다. 이 방법 또한 굉장히 좋다.

이유 없이 어떤 상황에 휘말릴 필요가 없다. 더구나 관계에 불편한 상황이 될 것 같은 일에는 더더욱 그렇다. 그저 나 스스로 행복할 수 있는 일을 함으로써 스스로 치유를 하는 것이다. 이유 없이 불행하다는 감정이 올라올 때 반대로 이유 없이 당당해보자. 반대의 방법으로 이유 없이 당당해지기만 하면 그만이다. 감정은 감정일 뿐 사실이 아니다. 감정은 시시때때로 변할 수 있는 변덕스러운 현상이다. 지금 드는 감정이 나의 분노를 끓어올리는 일이라면 더욱 그렇다. 사실이 아닌 감정에 휘말릴 필요가 없다.

행복하다 행복하다는 말을 반복하면, 스스로 행복한 일을 찾게 된다. 그리고 정말 행복한 기분이 든다. '행복해서 웃는 게 아니라 웃어야 행복해진다.'라는 말이 있다. 그저 힘들 때든 기쁠 때든 이유 없이 당당해보자. 허리를 곧게 펴고, 고개는 정면으로 응시한다. 그리고 당당하고 힘차게 걷는다. 이유 없이 한 이 작은 행동으로 어느 순간 내가 정말 당당해짐을 느끼게 된다. 나는 나로서 이미 완벽한 존재이기에 당당하지 않을 이유가 없다.

06

나를 괴롭히는 건 언제나 나였다

"당신이 무언가를 간절하게 원하고,
그것에 대해 생각하는 것을 즐거워한다면,
그 순간 당신의 생각 진동은 소망의 주파수에 일치되어 있습니다."
- 『유쾌한 창조자』, 제리&에스더 힉스

지금 당신이 안고 있는 불행한 일 중 가장 불행하다고 느끼는 일은 무엇인가? 나같이 대단한 인재가 이 회사에서 일해주는 게 어딘데 급여가 부족하다고 느끼는가? 열심히 고생해서 돈을 벌어다 주는데 배우자가 대단한 대우를 안 해주는가? 난 내 또래 중에 최고인데, 부모님은 늘 다른 애들과 나를 비교하는가? 혹은 나의 가장 친한 친구가 나보다 다른 애들과 더 친한 것 같아서 질투가 나는가?

『유쾌한 창조자』에서 말한 바와 같이, 내가 무언가 간절히 원하고 좋은 주파수로 생각하게 된다면 같은 문제도 다른 문제로 전환이 된다. 누군가에게 문자 메시지를 보냈는데 답장이 빨리 오지 않아 안절부절못한 적이 있을 것이다. 예전에 나도 그랬던 적이 있다. 문자를 보내놓고 '왜 답장이 안 오지? 문자가 안 갔나? 나를 무시하나?'라며 상대방 원망을 하면서 나를 괴롭히기도 했다. 이렇게 안절부절못하는 것은 누군가로부터 인정과 관심을 받고 싶은 욕망이다. 하지만 내가 나를 사랑하는 마음을 갖게 되면 타인의 행동은 나를 괴롭힐 만큼 대수로운 일이 아님을 깨닫게 된다.

사실 처음부터 수월했던 건 아니다. '내가 이 정도로 했으면 상대방이 특별대우를 해줘야 하는 거 아니야?' 나는 옳고 상대방이 틀린다고 생각하니, 끓어오르는 화는 점점 나를 괴롭혔다. 그러다 우연한 기회에 '내면아이'란 표현을 알게 됐다. 처음엔 아이가 없는 내게 '아이'란 표현은 거부반응이 있을 수밖에 없었다. 그런데 일상이 힘든 내게 불면증은 물론이고, 세상 모든 것이 곱게 보이는 게 하나도 없었다. 그렇게 점점 나를 괴롭히는 끊임없는 과정이 반복되면서 내면아이 상처 치유 공부를 시작했다. '내면아이 상처 치유? 도대체 그게 뭔데?' 그렇게 관심을 두게 되고, 점점 변화되는 나를 발견하면서 나는 스스로 놀라움을 금치 못했다.

문자 메시지를 보냈는데 답장이 오지 않아도 '급한 일이 있나 보네. 확인하면 연락이 오겠지.'라고 상대방을 이해하기 시작했다. 그리고 그 시간에 핸드폰을 붙들고 있는 게 아니라 다른 일을 하면서 집착을 버린 것이다. 그러면서 마음이 점점 가벼워짐을 느꼈다.

아인슈타인은 '어떤 것이 움직여야 비로소 무슨 일이든 일어난다.'고 묘사했다. 우주는 끊임없이 진동하고 있다는 뜻이다. 모든 물체가 측정 가능한 주파수에 맞춰 진동하고 있다. 인간과 사물은 이 에너지에서 생겨나 몸, 마음, 물체, 에고가 존재해서 세상에 드러나는 것이다. 이 근원 에너지에서 몸과 마음이 멀어질 때 질병, 두려움, 빈곤 등의 수많은 문제가 발생한다. 그중 에고에 해당하는 게 내면아이 상처인 것이다.

결국, 내면아이 상처는 나의 진동 주파수가 행복지수로 가지 않을 때 드러나게 된다. 그렇기에 우리는 스스로가 사물을 혹은 사건을 주시하는 방식을 바꿔야 한다. 그렇게 되면 내가 주시하는 그 사물과 사건이 다르게 바뀌는 것이다. 내면아이 상처 치유는 사실 해보면 별것 아니다. 시작하기 전에야 두렵고 겁이 나는 것이지, 상처를 대면하고 나면 두려움은 사라진다. 우리가 작은 성공을 반복하면 도전이 즐겁다는 걸 느끼게 되는 것과 같은 이치이다. 나의 내면을 들여다보고 대면하는 과정에서 치유가 일어난다. 이 치유는 두려움의 시각에서 사랑과 믿음의 시각으로 바뀌는 것을 의미한다.

바람둥이 애인을 둔 30대 후반의 여성이 있었다. 그녀는 온화하며 말수도 적은 고분고분한 소녀 같은 느낌의 여성이다. 늘 애인과 함께였던 그녀가 하루는 혼자 우리 라이브 카페를 찾아왔다. 애인의 과거를 알고 만났지만 까도 까도 속을 알 수 없는 양파처럼 점점 드러나는 과거 속 여자들의 존재를 아는 게 힘들다고 이야기를 풀어갔다. 그의 친구들과 만날 때면 기존의 여자들뿐만 아니라 또 다른 과거 속 여자들이 끊임없이 나온다고 한다. 그것도 단순한 이성 교제가 아닌 돈을 받고 만난다거나 돈 많은 아줌마에게 헌신하듯 살아온 애인의 과거.

하지만 나도 알고 있을 정도이니 그 남자의 여자 문제는 어제오늘 일이 아니었다. 난 그녀가 괴로운 정말 이유를 알고 싶었다. 나의 질문을 눈치라도 챈 듯 그녀는 말을 이어갔다.

"알아요. 그가 난잡하리만큼 바람둥이라는 사실을…. 하지만, 언니, 제가 너무 괴로운 건 그는 언제나 과거 속에 살아요. 과거 속 여자는 퀸카였다는 둥, 선물 받은 것 중 명품 아닌 게 없다는 둥, 그녀들과 여행도 자주 다녔다는 둥…. 만난 게 몇 년인데, 무뎌질 법도 한데, 지금껏 그와 여행 한 번 못 가본 저로서는 화가 나서 미칠 것 같아요."

너무도 괴로워 보였다. 그날 얘기하면서 느꼈다. 그녀는 꿈도 많고 여행도 좋아하고 말을 하기 좋아하는 여성이라는 것을. "이렇게 말을 잘하는지 몰랐어. 그동안 왜 그렇게 말이 없었어?"라고 물으니 그녀는 한숨을 쉬며 말했다. "저 굉장히 수다쟁이예요. 그에게 호감을 느낀 것도 저의 이야기를 다 들어주더라고요. 그런데 어느 순간 몇 시간이든 그는 자신의 얘기만 해요. 술주정인 듯한 과거 속의 이야기만 묵묵히 듣고 집에 오는 일이 반복돼요." 실제로 그녀가 무슨 말을 하려고 얘길 꺼내면 10초도 안 들어주고 말을 끊어버리고 자신의 이야기만 한다고 한다. 무슨 대답을 하면 가르치듯이 훈계가 시작된다고 한다.

30대 후반의 그 여성은 밝고 수다스러운 모습을 애인에게 전혀 표출하지 못하고 있었다. 그리고 어린 시절 갑자기 하늘로 떠나가신 사랑하는 아빠를 늘 그리워했다. 그녀의 이성관은 아빠같이 편안한 사람, 자신을 예뻐해주고 자기 얘기를 잘 들어주는 사람, 그리고, 떠나지 않는 사람이라고 했다. 그녀의 애인은 그녀를 늘 외롭게 내버려두었다. 밖으로 돌며 외로움을 해소하며 사는 애인과는 달리 그녀는 평온한 정신적 교류를 통한 사랑을 원하고 있었다. 말 한마디라도 따뜻하게 해주고, 사랑한단 말도 잘해주고, 자신이 힘들어 보이면 꼭 안아주는 배려 깊은 사랑을 원하고 있었다.

무척 안타까웠다. 누가 보아도 예쁘고 정신이 맑은 여성인데 충만한 사랑을 받고 있지 못하고 있었다. 하지만 여기서 더 안타까운 건 그녀는 아빠를 이제 놓아주어야 한다는 것이다. 가슴 아프지만 나는 나지막하게 얘기했다. "이제 놓아줘. 아빠 돌아오지 않아." 이 여성은 한참 관심과 사랑을 받을 소녀 시절에 아빠가 돌아가셨기에, 그 상태의 어린아이로 멈춰져 있었다. 그걸 외부로부터 찾으려 하니 돌아오는 건 늘 상처뿐이었다. 사실 많은 사람이 성장 과정에서 반드시 충족되어야 하는 의존적인 욕구들이 채워지지 못한 경우가 많다. 나는 그녀에게 우선 노래하기를 권했다. 처음엔 망설였지만 나를 믿는 눈으로 노래를 시작했다. 그날 그녀는 노래를 5곡이나 불렀다. 그리고 가벼운 발걸음으로 나가면서 이야기했다. "언니, 이제 아빠 보내줄래요."

어린 시절 내가 엄마에게 받고 싶었던 사랑, 아빠에게서 받고 싶던 사랑이 충족되지 않으면, 즉 슬퍼해야 했던 감정을 미처 슬퍼하지 못하면 우리 내면에 미해결된 채 남아 있게 된다. 이렇게 정서적으로 굶주린 내면아이가 나의 성숙 과정에 훼방을 놓게 된다. 당신이 40살이라고 가정해보자. 그런데 4살짜리 내면아이가 당신의 오늘 하루를 지배하게 된다면 당신의 하루는 어떻게 되겠는가? 아마 일은 엉망진창이 될 것이고, 관계 또한, 뒤죽박죽될 게 뻔하다. 이렇게 불안한 상태로 우린 살고 있었다.

사실 이런 알아차림과 깨달음 과제를 하는 것으로 하룻밤 사이에 모든 문제가 해결되는 것은 아니다. 당신이 당신 안의 아이와의 교류를 시도해야 한다. 그렇게 되면 아이의 분노나 슬픔을 듣게 될 것이다. 내 안의 기뻐하는 아이를 찾아야 한다. 행복의 미소를 찾아주어야 한다.

그렇게 되면 아이의 분노와 슬픔은 사라지게 될 것이다. 밝게 빛나는 본연의 아이와 함께 당신의 인생은 더욱 즐겁고 창조적이며 멋진 인생이 펼쳐지게 될 것이다. '내가 곧 빛이다.' 환호성을 치며 흥분되는 가슴을 주체할 수 없게 될 것이다.

우리의 주파수를 행복 에너지가 들어올 수 있도록 문을 열어주자. 그동안의 닫힌 공간으로는 당신이 행복을 꿈꾸고 있더라도 들어올 수가 없다. 우린 그동안 부정적인 감정으로 닫힌 공간이 전부인 줄 알고 살았고, 그 안에서 불행하게 살아온 것에 너무 익숙해져 있다. 그리고 불행이 불행인 줄 모르고 살았다. 행복 물결을 받아들이자. 당신이 그동안 마땅히 누려야 했던 행복 물결에 더는 저항하지 말아야 한다. 그동안 당신이 행복하지 않았던 이유는 다른 사람 때문이 아니다. 나를 괴롭히는 건 언제나 나 자신이었음을 이제는 알아야 한다.

07

내면아이 치유로 비로소 보이는 것들

"배려 깊은 사랑이라는 높은 의식은,
배려 깊은 사랑으로 가는 것을 막는
의식의 모든 단계를 만나게 해주지요."
— 『푸름 아빠 거울 육아』, 최희수

예전에 드라마의 한 장면이 떠오른다. 아이가 말을 듣지 않아 엄마가 종아리를 때린다. 그리고 잠든 아이의 종아리를 쓰다듬으며 눈물을 흘리며 죄책감에 시달리며 운다. 내면아이 치유를 공부하면서 넓은 시야로 그 엄마를 보게 됐다. 드라마 상에서는 그저 아이에게 미안한 마음이나 처자식을 두고 떠난 남편에 대한 미움과 원망으로 아이를 때린 것으로 보이지만 사실은 그게 전부가 아니다.

참 슬픈 이야기지만 어린 시절 매를 맞은 사람이 자신의 아이를 때리게 될 확률이 높다. 매를 맞지 않고 자란 사람은 아이가 말을 듣지 않아도 때리고 싶은 마음 자체가 들지 않는다. 아이를 때림으로 인해서 '이겼다'는 감정을 경험하는 사람이 있다. 어린 시절 부모에게 매를 맞았을 때 부모를 이기고 싶었지만, 이길 수가 없었다. 내가 틀렸다고 생각하지 않는데 부모에게 맞았을 때는 더욱 굴욕감이 들 수 있다. 그때는 힘이 약해 굴복할 수밖에 없었지만, 내 아이를 때리면서 '내가 이겼다'는 쾌감을 지금 느끼는 것이다.

이는 당신이 나쁜 부모여서가 아니다. 내 아이가 몇 살이든 내가 때린 내 아이보다 더 어린아이가 내 안에 있다는 증거이다. 이것이 바로 당신의 내면아이를 치유해야 하는 중요한 이유이기도 하다. 내 안의 내면아이는, 아이를 키우면서 더 자주 느끼게 된다. "싫어! 내 것이야! 안 먹어!" 등의 말을 할 때 불쑥불쑥 화가 나거나 손이 올라가는 경우가 그런 것이다. 기나긴 시간 당신의 내면아이는 소리 한 번 지르지 못하고 어둠 속에 울고 있다. 그런데 당신의 아이는 울며 배부르게 어리광을 부리고 있다. 당신의 내면아이가 잔뜩 화가 나서 그 아이를 때리게 된다.

나는 아빠가 일찍 돌아가셨지만, 매를 맞아본 경험은 있다. 나보다 13살 많은 큰오빠로부터이다. 큰오빠는 일찍 결혼해서 나보다 6살 어린 큰조카를 낳았다. 그때 내 위로 언니가 6살 차이였는데 큰조카랑 내가 6살

차이이니 동생뻘인 것이다. 한번은 언니랑 나랑 동네 친구들과 고무줄놀이를 하고 집에 왔을 때였다. 큰오빠는 잔뜩 화가 나서 우리에게 종아리를 걷으라고 했다. 언니는 7대, 나는 6대를 맞았다. 조카를 봐주지 않고 놀러갔다는 이유였다. 언니와 나는 펑펑 울면서 큰올케한테 가서 오빠가 시키는 대로 무릎을 꿇고 미안하다고 빌어야 했다.

그리고 또 한번은 내가 고등학교를 막 졸업할 즈음이었다. 서울 친구네 잠깐 놀러갔다가 20살도 됐으니 멋을 내고 싶었다. 그래서 파마를 했다. 올케언니나 엄마도 예쁘다고 했는데 큰오빠가 난리가 났다. "네가 술집 년이냐!"라고 하면서 무자비하게 맞았다. 심지어 담요를 내 몸에 덮어놓고 때리는데 어떻게 맞았는지 기억도 나지 않는다. 엄마와 올케가 말리지 않았다면 나는 어쩌면 병원에 입원했을지도 모른다. 입술은 터져 있었고 팅팅 부어올랐다. 머리카락은 방바닥을 덮을 만큼 뜯겨 있었다.

20년이 지난 이야긴데도, 20살의 내가 선명하게 보일 만큼 생생하다. 나는 이때부터 큰오빠와 마주치지 않기 위해 최대한 피해 다녔다. 10년 전쯤 일이다. 그때가 명절이었는데 나는 선물 꾸러미를 들고 고향엘 갔다. 가족들과 도란도란 이야기도 하면서 맥주 몇 잔을 마셨다. 그때 무슨 용기였는진 모르지만, 나는 큰오빠에게 그때 이야기를 했다. 조카 안 봤다고 종아리도 맞았고, 머리 파마했다고 오빠가 나 엄청나게 때렸다고.

오빠는 전혀 기억하지 못했다.

큰오빠는 소주를 한잔 들이키더니 "내가 그랬냐? 미안하다."라고 말하는 것이다. 전혀 예상하지 못했다. 푸념 삼아 서운했던 얘기를 했던 것뿐인데 미안하다고 사과까지 하는 것이다. 큰오빠 성격상 누구에게 사과하는 사람이 아닌데…. 순간 내가 더 미안해지면서, 한편으론 오빠가 나이를 먹은 게 아닌가 싶어 마음이 아팠다. 하지만 그날 이후로 나는 더 어린 시절 맞은 기억으로 오빠를 원망하는 일은 없었다. 바로 슬픔과 대면을 하면서 '치유'가 됐기 때문이다. 그리고 이날의 감동을 주는 기억을 잊지 못한다.

고통의 기원이 되는 일을 대면하고 치유하는 일이야말로, 우리가 배려 깊은 사랑으로 갈 수 있는 가장 빠른 지름길일 뿐만 아니라, 행복의 기초 단계이다. 우리를 가장 고통스럽게 하는 것은 어떤 사건이 아니라 그걸 표현하지 못하는 일에서 비롯된다. 이는 감정이 억압되는 단계로 오랜 시간 반복되는 경우가 많다. 아이가 우는 게 싫어서 "울지 마!"라고 한다거나, 어떤 일을 했을 때 못 하게 함으로써 행동의 제재가 들어간다. 그러면 아이는 수치심이 들어 행동을 멈추고, 배울 기회를 상실하게 된다. 이렇게 억압된 감정으로 쌓이는 것이다.

부모의 어린 시절 이렇게 억압된 감정은 자신의 자녀에게 그대로 노출이 된다. 배려 깊은 사랑을 받지 못했으니 방법을 모른다. 그러니 배운 대로 자식에게 하는 것이다. 어린 시절 울면 엄마에게 맞거나, 울지 못하게 억압됐다. 그래서 아이가 울면 그때 분노가 올라와 화가 나는 것이다. 내가 울 때 위로받지 못하고 꾸중을 듣고 자랐으니 자녀가 우는 모습에 분노가 올라오는 것이다. 이렇게 자란 자녀의 내면은 분노, 상처, 심지어는 성격 장애 등을 통해 나타나기도 하고 사회생활이 힘든 지경에 이르기도 한다.

우리는 편하고 안전하다고 느끼는 사람이 있어야 울 수 있다. 누군가 내 앞에서 울고 있다면 말이라도 따뜻하게 해주길 바란다. "괜찮아."라고. 우는 사람이 내용을 말할 수도 있지만, 말을 안 하고 무작정 울 수도 있다. 굳이 궁금하다고 우는 사람에게 이유를 말해보라고 다그치지 말자. 울음으로 토해내면 본인이 스스로 이야기를 시작할 것이다. 설령 이야기하지 않는다고 해도 상관없다. 당신은 그저 따뜻하게 손을 잡아주거나 어깨를 두드려주면서 괜찮다고 위로를 해주면 된다. 그 사람은 지금 위로받고 싶은 상황이고 그 안전한 사람이 당신인 것이다.

사람들은 좋은 부모가 되고 싶어 한다. 우리가 어린 시절 받지 못한 것을 아이들에게는 해주기 위해 열심히 노력한다. 하지만 나 자신에게는 어떻게 했는지 되돌아본 적이 있는가? 우연히 유튜브를 통해 들은 이야기가 생각난다. 홀어머니 손에서 자란 아들이 성인이 돼서 결혼했다. 결혼하고 첫 명절에 아내가 물었다. "여보, 어머니 어떤 음식 좋아하셔?" 아내는 첫 명절이니 시어머니께 맛있는 음식을 해드리고 싶어서 물었다. 그 질문에 대한 아들의 대답은 많은 생각을 하게 한다. "우리 엄마는 누룽지를 좋아하셔." 아들은 자신이 결혼할 때까지 어머니가 누룽지 외에 다른 음식을 먹는 것을 본 적이 없다고 했다. 그래서 며느리는 누룽지를 끓여 갈 수밖에 없었다.

이처럼 자녀를 돌보느라 자신의 내면아이를 돌보지 못한다면 자녀들 또한 그런 어머니의 모습을 보고 배우는 것이다. "아이들은 부모의 말을 통해 배우는 게 아니라, 행동을 보고 배운다."라는 말이 있다. 아무리 '선생님 말씀 잘 들어라, 숙제를 잘해라, 공부 열심히 해라, 밥 잘 먹어라, TV를 너무 많이 보지 말라, 거짓말하지 말라'고 해도 자녀들은 부모의 행동을 보고 배우는 것이다. 부모가 자신을 사랑하지 못하는 모습을 보인다면, 자녀 역시 그 점을 배우게 된다.

이제라도 늦지 않았다. 여러분이 이 책을 펼쳐 들게 된 게 얼마나 기쁜 일인지 느꼈으면 좋겠다. 내가 사랑하는 사람을 끝까지 지키기 위해서, 내가 사랑하는 내 금쪽같은 자식을 위해서, 그리고 부모님조차도 알지 못했던 부모님의 상처받은 내면까지 이해하는 귀중한 책이 될 것이기 때문이다. 나는 실제로 내면아이 상처 치유를 통해서 나는 물론 주변인들의 상처받은 내면이 보이기 시작했다. 이 책은 여러분이 자신의 내면아이뿐만 아니라 타인을 이해하는 데 좋은 책이 될 것이다.

그들이 미처 알지 못하는 부분까지 내가 몇 가지의 질문을 통해 짜여진 각본처럼 척척 맞아떨어지는 이 현상이 가슴 아픈 건 사실이다. 하지만, 정해진 답이 이 책에 있으므로 더 슬퍼할 필요가 없다. 나의 내면아이 상처 치유를 통해 오로지 나를 사랑하는 기쁨을 느끼게 될 것이다. 그리고 내가 나를 사랑하면서 달라지는 세상 모든 것에 대해 경이로움에 스스로 놀라게 될 것이다. 비로소 구름 속의 태양을 보게 될 것이다. 그리고 깨닫게 될 것이다. 태양은 언제나 그곳에 있었는데 내 시야는 바보같이 구름만 보고 있었다는 것을.

08

인생의 터닝 포인트

"3불, 즉 불안, 불확실성, 불신을 극복하기 위해서는
긍정적인 마음으로 상황에 대한 해석을 바꾸어야 한다."
— 『기회』, 김진혁

"긍정적으로 살자, 좋은 말을 하자, 생각의 전환이 필요한 때다."

이 흔한 말들이 어렵게만 느껴지는가? '누구나 다 아는 사실 아니야?'라고 쉽게 여겨지는가? 하지만 좋은 것들도 내 것으로 만들지 않으면 아무 소용없는 말이다. 우리는 모두 축복받은 존재로 태어났다. 나는 가끔 지인들에게 뜬금없는 질문을 한다. '지금 행복한가요?'란 질문이다. 그러면 대부분의 사람은 '행복하지 않다.'라는 대답이 많다. 그렇다면 반대로 물어본다. "그럼 불행한가요?" 하지만 불행하지는 않단다.

『기회』의 저자 김진혁 작가는 저서에서 이렇게 말했다.

"기회는 생각을 낳고, 생각은 행동을 이끌며, 행동은 습관을 바꾸어 운명을 지배하게 만든다. 기회는 풍부하거나 넉넉한 곳에서 나오기보다 척박하고 위기가 팽배한 곳에서 나온다."

나는 이 구절을 무척 좋아한다. 이 '기회'라는 말이 나에겐 내면아이 상처 치유로 해석되기 때문이다. 사람들이 기회를 잡지 못하는 것은 기회를 알아보는 눈이 낮기 때문이다. 마찬가지로 내면아이 상처 치유를 알지 못하는 것은, 정말 행복에 대해 느껴보지 못했기 때문이 아닐까 생각한다. 흔히 부자가 가난해지면 적응을 못 해서 살아가기 힘들다는 말을 한다. 하지만 내 해석법은 다르다. 부자로 살아봤고, 부가 어떤 것이란 걸 알기 때문에 실패를 딛고 다시 일어설 것이라는 게 내 주장이다.

불행인지 행복인지도 모르는 익숙함에 젖어 주어진 하루하루를 목표도 없이 열심히만 살아가는 게 과연 행복일까? 기회를 볼 줄 아는 눈이 있어야 기회를 잡는 법이다. 죽도록 살고 싶고, 불행의 바닥까지 내려가 보았는가? 그렇다면 거기에서 팔자려니 하고 안주하는 게 아니라 치고 올라와야 한다. 바닥을 치고 올라오는 건 더는 불행해지고 싶지 않다는 뜻이 아니라 더 행복해지고 싶다는 뜻이다. 내 존재 자체가 사랑이고 내 존재로 축복받아 마땅하다는걸, 그 당연한 걸 갖겠단 얘기다. 그것이 바로 내면아이 상처 치유를 통해 이룰 수 있다는 것이다.

행복하진 않은데 불행하지도 않다. 이건 진정한 행복을 몰라서 하는 소리이다. 진짜로 행복을 아는 사람은 그 행복을 다시 누리기 위해 노력한다. 그리고 그 행복을 유지하기 위한 노력 또한 게을리하지 않는다. 마치 부자가 이 부를 이루기 위해 죽을힘을 다해 노력했듯이. 그리고 다시 바닥으로 내려가지 않기 위해 끊임없이 노력해야 하는 것과 같다. 『백만장자 시크릿』의 저자 하브 에커는 이렇게 얘기했다. "부자가 되려면 부자처럼 행동해라." 나는 말하고 싶다. "행복해지고 싶다면, 내가 정말 행복한 사람처럼 행동해라."

"행복해야 웃는 게 아니라 웃어야 행복하다."라는 말과 같은 이치이다. 우리가 꿈꾸는 미래를 위해서 보물 지도를 만들어 마치 이루어진 것처럼 늘 상상하듯이, 행복한 내 모습을 시각화하는 것이다. 늘 밝은 생각을 하고, 좋은 에너지만 내 몸에 심어둔다. 행복이 나의 몸과 당연히 하나인 것처럼! 지금 행복하지 않은가? 그렇다면 참 좋은 소식이다. 그것이 발판이 되어 행복으로 전환할 수 있는 전환점이 될 것이기 때문이다.

내 친한 동생 중에 은주와 수종이 커플이 있다. 이 두 사람은 일주일에

한 번은 헤어지고 다시 만나는 일을 반복한다고 한다. 그 이유를 모르겠다며 내게 도움을 청했다. 두 사람은 깊이 사랑하는데 왜 싸우기만 하면 헤어지자고 하는지 답답해했다. 은주는 30대 후반으로 딸아이 한 명을 키우는 싱글맘이다. 이혼 당시 위자료도 받아 어렵지 않은 생활을 하고 있다. 경제 활동을 하므로 재정적으로 부족함이 없는 상황이었다.

그러던 중 수종이를 만났다. 수종이는 그때그때 본인이 할 수 있는 일용직을 하는 친구다. 아들 한 명과 아내가 있지만, 사이가 좋지 않아 별거 중이었다. 사회적으로 비난받아 마땅하지만 서로 너무 사랑하기에 둘은 동거에 들어갔다. 수종은 은주를 만나기 전 사업이 크게 망해서 신용불량자가 되었다. 카드며 통장 사용을 할 수 없기에 모두 아내 명의로 살아가고 있었다. 하지만 은주에게는 별 문제가 되지 않았다. 수종만 곁에 있다면 모두 감당할 수 있을 것 같았다.

일주일에 한 번만 아들을 보기로 한 수종은 자고 일어나면 아들을 보러 갔다가 돌아오곤 했다. 그리고 일요일은 그는 그의 집에 가면 연락이 안 되었다. 은주는 점점 지쳐가기 시작했다. 그럴 때마다 화를 내게 되는 것이다. 문제는 수종은 이혼한 상태도 아닌데 그 정도는 이해해줘야 하는 거 아니냐면서 오히려 더 화를 낸다는 것이다. 마누라 잔소리도 지겨워 죽겠는데 너까지 잔소리하냐고 악담을 퍼붓는다는 것이다. 생활비도 일정 부분 부담해주길 바랐지만, 수종의 급여는 항상 아이 엄마에게로 돌아갔다.

은주는 어린 시절 아빠가 재혼하셨고 계모의 손에서 자랐다. 새엄마의 무관심과 학대와 체벌이 커질수록 잘 보이려고 노력해야 했다. 체벌을 피하고자 엄마의 시중드는 법을 스스로 터득했다. 그리고 남편을 만나 결혼했지만, 폭력을 쓰는 남편을 버티지 못한 은주는 결국 이혼을 한 것이다. 이후 수종을 만나 재정적인 부분을 받드는 대신 그의 사랑을 갈망했던 것이었다. 하지만 그렇다 해도 일정 부분 책임질 줄 알았는데 수종은 재정적인 부분에 전혀 무관심했다. 그 모든 걸 감수하며 만나는데, 수종이 아들을 보러 갈 때면 친엄마가 나를 버리고 갔다는 상처가 수면 위로 떠올라 슬픔은 반복이 되었다. 이용당한다는 느낌에 은주는 참을 수 없는 분노를 느낀다고 했다.

한편, 수종 역시 어린 시절 아빠의 폭력 피해자였다. 매일같이 술에 취해 들어와 어머니를 때리고 돈이 생기면 바람을 피우고 노름까지 했다. 그래서 수종은 돈이 생기면 아빠처럼 폭력적이고 노름을 할까 봐 돈에 대한 거부 반응이 있었다. 내 수중에 돈이 생기면 나도 아빠처럼 될까 봐 돈을 일정만큼만 버는 것이다. 아이가 있기에 경제적으로 책임을 져야 했다. 아내가 밖으로 도는 것도 싫어 일도 못 하게 했기에 정이 없는 아내라도 돈은 갖다줘야 했다. 정은 없어도 아이 엄마로서는 애는 잘 키워주기에 딱히 이혼할 마음도 없다.

수종은 은주를 몹시 사랑하지만, 그녀가 소리를 지를 때마다 어린 시절 아빠의 고함이 함께 들리는 듯했다. 그래서 생활비를 주지 않는 방식으로 저항을 표시했다. 둘은 몹시 사랑하지만 다툼이 일어날 때마다 둘의 어린 시절의 내면아이끼리 싸우게 되는 것이다. "어디서부터 잘못된 걸까요?"라고 물을 일이 아니다. 결혼의 여부가 중요한 게 아니다. 우리 안에 모든 사람이 어린 내면아이가 존재하는 사실을 인지해야 한다. 성장한 성인끼리는 싸울 일이 없다. 누군가와 다투게 된다면 그건 우리의 내면아이들끼리 싸우는 것이다.

상처 치유 전문가 최희수 소장님은 말한다.

"가장 이상적인 결혼은, 각자의 내면아이 상처를 치유하고 성인들끼리 하는 결혼 생활이다. 우린 20살이 넘고 결혼을 하므로 모두 성인이 돼서 결혼하는 줄 알지만, 사실은 성인 둘과, 상처받은 내면아이 둘, 넷이 하는 것이다."

거기에 나의 부모, 배우자의 부모까지 가족이 되니 얼마나 갈등이 많이 일어나겠는가! 서로 보완관계가 되었더라면 싸움이 일어나지 않을 것이다.

의존적인 관계에서는 유대감 형성이 힘들기에 싸우는 것이다. 이런 의존적인 관계는 하루아침에 바뀌긴 힘들다. 하지만 둘의 성인 자아는 사랑의 관계이기 때문에 내면아이 치유 과정을 통해 관계가 개선될 수 있다. 내가 치유해주지 않은 내면아이는 상대가 누구였든지 대신 치유해줄 수 있는 일이 아니다. 당신의 내면아이는 당신의 관심만을 원한다. 이는 비단 남녀 관계에만 한정된 것은 아니다. 친구들 사이든, 가족 간이든, 직원 사이에서도 마찬가지이다.

상처받은 내면아이는 내가 겪었던 아픈 기억이 치유받지 못한 채 방치되어 있다가 비슷한 상황이 펼쳐지면 내 의지와 상관없이 순간순간 불쑥 튀어나온다. 우리가 나의 내면아이를 온전히 사랑으로 대하는 법을 배우고 베풀면서 내적 유대감은 더욱 탄탄해지게 된다. 사랑으로 충만해지고 평화, 기쁨, 평온, 행복한 상태가 되면, 더는 타인에게 사랑받기 위해 나 자신을 포기할 필요도 희생할 필요도 없어지는 것이다.

09

내면아이와의 단절은 불행으로 가는 지름길

"그 오랜 시간 내 인생이 그렇게 지옥 같았던 것이
사실은 자신이 얼마나 강력한 존재인지,
내가 얼마나 대단한 일을 할 수 있는지 몰랐기 때문은 아니었을까?"
— 『나로 살아가는 기쁨』, 아니다 무르자니

어느 날 밤, 일을 마치고 지인들과 가까운 식당에 갔다. 허기진 배를 붙들고 맛있는 고기를 구워 먹을 요량으로 한껏 들떠 기분이 좋았다. 고기가 나오고 버섯도 굽고 김치도 구우며 막 한 점을 먹으려는 그때였다. 어디선가 흡사 짐승의 소리와 같은 소리가 들렸다. 소리가 나는 쪽을 쳐다보니 한 남자가 칼을 들고 서 있었다.

순간 나는 얼마나 놀랐던지 소리를 지를 뻔했다. 식당 안엔 그 시간에 일을 마치고 고기와 술을 마시는 사람들이 꽤 있었다. 여기저기서 겁에 질려 웅성웅성했다.

그 남자는 불특정 다수에게 소리를 지르며 부엌칼을 휘두르고 있었다.

"다 죽어! 이 거지 같은 것들아! 움직이면 다 죽여버릴 줄 알아!"

50대 초반의 그 남자는 며칠 동안 씻지 않았는지 머리는 떡져 있었고, 행색도 꼬질꼬질했다. 돈을 원하는 것 같지는 않았는데 여기저기 휘저으면서 집기들을 집어 던지고 있었다. 주인 역시 그 남자가 칼을 들고 있었기에 함부로 나서지도 못했다. 여기저기서 체격이 있는 젊은 사람들이 쑥덕거리며 그 남자를 제압하려는 의도를 보였다.

한쪽에서는 찌르지도 못할 거면서 시끄럽게 군다고 소리치기도 했다. 나 역시 퇴근 후 편안하게 식사하는 나의 소중한 시간을 뺏기고 있다는 생각에 슬슬 화가 났다. 보다 못 한 덩치 큰 남자 3~4명이 그 남자 쪽을 향해 걸어가고 있었다. 그런데 그때 구석에서 혼자 식사를 하던 한 노인이 그 남자를 향해 손짓했다.

"젊은이, 이리 와보게."

무슨 의도인지 그 남자는 그 노인에게로 순순히 다가갔다.

"당신이 뭔데 사람을 오라 가라야?"
"자네 고향이 어딘가?"

그 남자는 어이없다는 듯 노인을 노려보았다.

"경상도요!"
"아, 그런가? 나는 부산이라네. 부산에 태종대라고 아는가? 그곳에 가면 '자갈 마당'이라는 곳이 있는데 포장마차가 있지. 자갈 위로 조그만 포장마차들이 있는데, 나는 그곳에서 바다를 보면서 회 한 접시 먹을 때의 운치를 잊지 못한다네. 파도 소리를 들으며 먹는 회는 정말이지 꿀맛이라네."

그 남자는 어린아이가 된 듯 풀린 눈으로 노인을 쳐다보았다.

"나도 태종대 알아요!"

노인은 다시 말을 이어갔다.

"그럴 테지. 워낙 유명한 곳이니. 자네 마누라와 자식도 있는가?"
"딸아이와 마누라가 있는데 요즘 코로나로 직장에서 해고되었어요."

그는 거의 울먹이듯 말을 이어갔다. 그는 그 말을 뱉어놓고 무슨 초상집에 온 사람처럼 꺼이꺼이 울었다. 알고 보면 모두 사연이 있고, 모두 연약한 인간일 뿐이다. 그날 고깃집에서 보여준 노인의 모습은, 식사하고 있던 모두에게 큰 감동을 주었다. 비난과 완력보다 큰 힘을 발휘하는 것은 공감이었다.

앞의 사례는 흉기가 등장하면서 다른 이를 위협할 수 있는 상황까지 가는 경우이다. 하지만, 그 남자의 사례로 알 수 있는 건, 분출되지 않은 분노의 모습이다. 누구나 분노를 안고 있다. 하지만, 어린 시절부터 우리는 분노를 분출하기 위해 울면 "뚝! 그쳐!"라는 말을 듣고 살았다. 자라서도 분노를 하면 누군가에게 피해를 줄 것 같다. 분노를 분출하면 성격 파탄자 이미지가 될까 봐 두렵다. 아빠란 이유로, 엄마란 이유로, 자식이란 이유로, 혹은 사회적 위치로 인해 우리는 꾹꾹 담아만 놓고 살았다. 분노는 내가 스스로 한계를 지음으로써 살펴주지 않은 내면아이의 최후 분출이다.

분노에는 2가지 종류가 있다. 닫힌 분노와 열린 분노가 그것이다. 닫힌 분노는 버림받고 상처받은 내면아이가 분출하는 유해하고 통제하겠다는 분노이다. 절망과 무기력을 느낄 때 나타나는 이 분노는 다른 사람에게 해를 끼치는 분노이다. 이때는 통제 불능의 상황까지도 갈 수 있다. 식당에서 물의를 일으킨 그 50대 남성의 모습이 전형적인 닫힌 분노의 모습을 보여주고 있다. 한강 다리에서 자살하겠다고 올라가는 사람들, 길에서 무조건 싸움을 거는 사람들, 여자친구 앞에서 자해하는 사람들 등이 닫힌 분노를 안고 사는 사람들이다.

그리고 열린 분노가 있다. 열린 분노는 성인 자아가 내면아이의 과거와 현재를 이해하고 파악하면서 한때 어둠 깊숙이 버림받았던 내면아이가 표출하는 분노이다. 이때의 분노는 성인 자아가 어느 정도 내면아이의 소리를 알아봐준 후에 나타나는 비교적 안전한 분노이다. 이때는 자신이나 타인에게 해가 되지 않는 분노이다. 열린 분노는 어느 선에서는 오히려 성인 자아가 마음을 열어놓고 내면아이를 봐준 후에 나타나기 때문에 가르침을 주기도 하고, 묵은 상처를 씻어 낼 좋은 기회가 되기도 한다.

우리에겐 누구나 내면아이가 있다. 태어난 그 순간부터 어린 시절의 기억이 모두 있기 때문이다. 뱃속에서부터 혹은 태어나서 인큐베이터 안에 홀로 갇혔을 때의 두려움, 부모님이 싸울 때 홀로 방안에서 두려움에 떨며 울던 기억, 아빠가 술만 먹고 들어오면 집 안을 때려 부술 때의 공포, 가정을 돌보지 않는 한쪽 부모로 인해 대리 부모 역할을 해야 했던 기억, 집안의 비밀을 꼭꼭 숨겨야 했던 일들, 어린 시절 이혼한 부모의 기억으로 내가 이 모양이 됐다고 내 자식에겐 물려주고 싶지 않다며 불행한 결혼 생활을 하는 사람에 이르기까지….

혼자라는 쓸쓸함, 외로움, 무기력함으로 인해 고통은 시작되었다. 하루하루 남의 눈치를 보며 살았다. 다른 사람들의 애정과 동정을 받을 수 있는 범위, 타인의 불만을 사지 않는 범위 내에서 살다 보니 나를 돌아볼 시간이 없었다. 그러는 사이 자기를 알아주지 않는 우리 안의 내면아이는 그 기나긴 세월을 공포와 두려움을 느끼며 분노를 쌓고 있었다. 그러다 어느 순간에 도달하면 자신이 감당하지 못할 만큼 닫힌 분노가 되는 것이다.

미래학자 벅민스터 풀러는 말했다.

"기존 현실과 싸워서는 상황을 바꿀 수 없다. 무언가를 바꾸려면 현재의 모델을 쓸모없게 만드는 새로운 모델을 만들어야 한다."

'엄마처럼 살지 않을래, 아빠처럼 살지 않을래, 함부로 사는 누구처럼 살지 않을래.'의 단순한 문제가 아니다. 기존의 내 모습으로는 내면아이의 상처를 치유할 수 없다. 자신의 감정에 주의를 기울이는 그것부터가 시작이다. 내면아이가 어떤 슬픈 기억이나 아픈 기억을 떠올리게 하더라도 열린 마음으로 따뜻하게 알아준다는 믿음을 주어야 한다. 그렇게 조금씩 마음을 열게 되면 내 안의 아이도 조금씩 귀를 기울이기 시작한다. 『나로 살아가는 기쁨』의 아니타 무르자니의 말처럼.

"오랜 시간 내 인생이 그렇게 지옥 같았던 것이 사실은 자신이 얼마나 강력한 존재인지 내가 얼마나 대단한 일을 할 수 있는지 몰랐기 때문은 아니었을까?"

불임으로 고생하다가 힘들게 임신한 임산부의 감동, 갓 태어난 아이의 눈을 처음 바라보며 안았을 때의 부드러운 떨리는 온기, 사랑하는 나의 작은 강아지를 품 안에 안았을 때의 감동, 아지랑이 피어오르는 어느 날 봄바람을 느끼며 향기로운 아카시아 향을 맡은 따사로운 봄날의 느낌. 이것이 내가 온전히 받아들이는 마음으로 배려 깊은 사랑을 줄 때 내면 아이가 느끼는 행복한 마음이다.

기존의 잘못된 생활과 신념을 모두 바꿔야 한다. 지금까지의 방식으로는 안 된다. 우리가 지금껏 사실이라고 받아들였던 일들은 잘못된 신념일 뿐이다. 그 잘못된 신념을 사실이라고 인정해버리면 다시 제자리걸음이 된다. 새로운 것을 받아들이려는 굳은 결심을 하자. 새로운 내 모습과 내면아이와 함께 사는 삶이 진정 평화로운 삶이 되는 것이다. 기존의 잘못된 방식이 아니라, 내면아이에 대한 배려 깊은 사랑으로 초점을 맞추기만 하면 된다.

CHAPTER 3

내면아이가
듣고 싶은 말을 했더니
잘 풀리기 시작했다

01

내면아이가 듣고 싶은 말을 했더니
잘 풀리기 시작했다

"만약 내가 지금 알고 있는 것을 그때도 알았더라면,
내 길을 의심하며 단 1분이라도 낭비하는 일은 결코 없었으리라."
–『내가 확실히 아는 것들』, 오프라 윈프리

늘 같은 것만 보고, 같은 사람만 만나고, 같은 곳만 가고, 같은 음식을 먹으면 인생이 재미가 없다. 무료하게까지 느껴지고, 심하면 우울증을 겪기도 한다. 그래서 우리는 늘 새로운 경험을 하고 무언가를 끊임없이 배우고 습득해야 한다. 한 마리의 새가 알을 깨고 나오는 탈피 과정을 통해 세상에 나올 수 있듯, 하나의 세계를 맞이하기 위해서는 우리는 알을 깨고 나오는 진통을 과감히 겪어야 한다.

오프라 윈프리의 말을 되뇌어보자.

"만약 내가 지금 알고 있는 것을 그때도 알았더라면, 내 길을 의심하며 단 1분이라도 낭비하는 일은 결코 없었으리라."

살아가면서 참 자주 드는 생각일 것이다.

우리 주변에는 내면아이와 내면 어른의 조화를 이루어 건강한 성인이 된 역할 모델을 찾기가 어렵다. 직장이나, 사회에서 만난 지인들, 친척들 심지어는 대중매체도 그런 역할 모델을 제시해주질 못한다. 성장하길 바라며 공부를 하는 사람들은 누구나 한 명 이상의 멘토를 갖고 있다. 이미 고인이 되신 저명한 분이든, 책 속에서 만나는 성공한 부자, 혹은 뛰어난 인품을 지닌 역사 속 인물 등. 이처럼 온전히 내면아이와 하나가 되어 축복된 삶으로 좋은 에너지를 내뿜어주는 멘토가 우리에게는 필요하다.

우리의 부모님조차도 자신을 사랑하는 법을 몰랐기에 자식들도 사랑으로 대할 수가 없었다. 따라서 우리도 사랑 없는 역할 모델을 본받게 된 것이다. 우리의 부모님을 생각하면 대부분이 희생을 떠올릴 것이다. 희생은 사랑이 될 수 없다. 우리는 모두 특별한 존재이다. 사랑이 무엇인지, 얼마나 위대하고 충만한 것인지 느끼면서 살아가야 할 존귀함 그 자체이다. 하지만 그런 것들을 믿으면 안 된다고 교육받았다. 나를 사랑하는 법을 누구도 가르쳐주지 않았기에 시간만 흘러 나이 먹은 어쩌다 어른이 되어버린 것이다. 나는 어떤 사람일까? 사람은 누구나 자기애가 강하다. 하지만 그렇지 않은 여러 종류의 애정 없는 역할 모델을 제시해보고자 한다. 어쩌면 냉정하게 나를 바라볼 수 있는 시간이 될 수도 있을 것이다.

1. 가차 없이 통제하는 지배자형

통제하려는 성향의 사람들은, 자신이 이미 올바른 방법과 행동을 알고 있다고 믿는다. 그래서 타인에게까지 그런 방식을 강요하는 사람들이다. 이런 사람들은 사랑은 요구해서 얻는다는 믿음을 갖고 있다. 또 타인의 잘못된 면이나 흠을 들추어내어 비판함으로써 자신이 고칠 수 있다고 믿는다. 실제로 이런 통제형 모델이 여성인 경우의 예로, 내 친구가 있다. 그녀는 남편이나 자녀가 자신을 무시한다고 생각했다. 처음엔 남편도 적당히 아내에게 항복하고 순응했지만 어느 순간 술, 일, 텔레비전 등을 통해 그녀의 간섭을 차단했다. 그녀는 자신의 불행이 모두 주위 사람 탓이라고 했다.

통제하는 남성의 경우 자기가 원하는 대로 일이 풀리지 않으면 단순한 화에 그치지 않고 분노로 폭발한다. 그렇기에 아내와 자녀조차 쉽게 다가갈 수 없을 때도 있다. 이런 남성들은 대체로 고분고분 따르는 여성과 결혼을 한다. 이런 사람들은 자신의 한계를 정해두지 않았기에 존중할 줄 모르고, 소리 지르고 때리는 성향이 있다. 남들의 시간과 관심과 애정과 섹스도 요구를 통해서 쟁취해 낸다.

2. 갈등을 피하는 순응형

자신이 어떤 대가를 치르더라도 다른 사람의 행복과 불행을 책임지면서 평화만을 추구하는 유형이다. 나의 기쁨은 오로지 타인을 기쁘게 하는 데서만 찾을 수 있다고 믿는다. 나의 욕구를 포기하고 타인의 욕구에 순응하는 것이 사랑이라고 믿는다. 여성의 경우 남성이 여성보다 능력도 있고 힘이 강함으로 남성의 보조적인 역할만을 하며 순응하며 살아간다. 그래서 남성이 원하는 대로 살아가게 된다. 자신을 위해 시간을 할애하는 방법을 모르는 여성들은 모든 사람의 요구를 들어주며, '착함'을 유지하기에 병이 나서 드러눕기도 한다. 또한, 순응형의 남성들은 '친절남'이며 있는 듯 없는 듯 고요함을 유지한다. 유부남의 경우 모든 육아나 중요한 의사 결정을 아내에게 전임함으로 평화를 유지한다. 이런 아빠들은 다정다감한 이미지를 주는 반면 자식의 눈에는 엄마의 기에 눌려 사는 아빠로 비치기도 한다.

3. 책임지지 않는 저항형

저항형의 사람들은 태만, 망각, 무관심, 무능 등을 통해 책임을 회피한다. 게으르고 정신이 딴 데가 있는 사람처럼 보인다. 술, 약물, 게임, TV

시청 등으로 도피를 하는데 정작 문제가 본인에게 있다는 것을 부정한다. 이들은 최선의 노력을 하지도 않고, 열심히 했는데 안 되는 것이라며 변명을 하며 항의하기도 한다. 쉽게 얘기해 핑계가 많은 사람이 이에 속한다. 어떤 일을 부탁받아도 나중으로 미뤄버리기 일쑤이다. 마음이 말라버린 듯한 이런 저항형은, 내면아이에게까지 방임, 무관심, 무시로 일관하는 것이다.

지금까지 제시한 역할 모델 가운데 어떤 것도 실제로 내면아이에게 진정으로 사랑하는 모습을 제시하지 못한다. 왜일까? 이들은 자신을 사랑하는 법을 알지 못한다. 현재의 모습에 익숙해져 정작 중요한 내면아이를 사랑하는 법을 모르기 때문이다. 불행하게도 실제 이런 역할 모델들은 자기 자식에게도 똑같은 방식으로 교육을 하고 있다. 사실 배우자나 사회에서도 외면당하고 비난당하는 이런 사람들이 금쪽같은 자신의 자식에게조차 자연스레 잘못된 교육을 하는 것이다.

그렇다면 내면아이를 사랑하는 게 무슨 뜻일까? 먹고살기도 바쁘고 내아이 키우는 것도 힘든데 밥을 줄 필요도 없고 보이지 않는 그 아이를 굳이 돌봐야 할 이유가 있을까? 답은 '당연하다.'이다. 그것도 무조건 사랑해야 한다. 그 아이를 진심으로 키우는 법을 배워야 하는 당연한 일이다. 오랫동안 내 안의 내면아이의 존재도 몰랐고, 그랬기에 돌봐주지 못했던 게 사실이다. 하지만 이 책을 읽으면서 우린 내면아이 존재를 알게 되었다. 지금부터 알아봐주면 된다.

사실 우린 막연하게 행복해지고 싶다. 잘 살고 싶다고 말을 한다. 어른이 됐으니 결혼을 했고, 돈을 벌어야 하니 직장을 다니고, 자식이 있으니 책임감 있게 살아야만 했다. 하지만, 내가 행복하지 않으면서 의무감과 책임감에 살게 되니, 약물 중독이나 관계 중독에 빠지게 된다. 그것으로 그들은 스트레스가 없어졌다고 생각하기도 하고, 치유됐다고 착각하기도 한다. 정작 마음속엔 외로움이 꽉 차 있는데도 그렇게 애써 변명하고 외면하며 살아온 것이다.

가벼운 첫 단계로 우리 내면아이가 무슨 말을 원하는지 알아보자. 그리고 그 말을 해주면 된다. 이 아이는 사랑과 분노의 행동으로 끊임없이 자기 존재를 드러내왔다. 단지 우리가 볼 줄 아는 방법을 몰랐기 때문에 그저 조금 늦은 것뿐이다. 괜찮다. 지금도 내면아이는 당신의 따뜻한 말을 기다리고 있을 것이다. 내면아이를 잘 알아봐주는 것은, 언제나 진실만을 말하는 것이다. 내가 조금 늦게 너를 만나러 와서 미안하다고 얘기를 하는 것이다. 어떤 변명이나 이해를 시킬 필요는 없다. 그저 진실만을 말해주면 된다. 진실의 마음을 진심으로 전달하면 된다.

"사실은 내가 내면아이가 뭔질 몰랐어. 많이 기다렸지? 얼마나 외롭고 무서웠니? 이제 내가 널 지켜줄게. 넌 혼자가 아니야. 언제나 내가 널 지켜줄 거야."

오늘이라도 이렇게 진심으로 이야기를 해보자. 동물, 특히 개를 길러본 사람은 무조건적인 사랑을 느껴보았을 것이다. 뭔가 하지 말라는 것을 어겼을 때 꾸지람을 듣는 이 아이들의 슬픈 눈을 본 적이 있는가? 한없이 슬프고 연약한 모습을 보인다. 자신의 괴로움을 드러낸 눈은 온전히 열려 있다. "화내게 해서 미안해요. 그래도 엄마 사랑해요."라고 말하는 것만 같다. 그렇게 열린 마음으로 말하자.

진심으로 당신의 내면아이에게 먼저 노크를 해보자. 당신의 노크를 기다린 이 아이는 몹시 지쳐 있고 외로웠을 것이다. 주인에게 열려 있는 강아지의 눈처럼 온전히 열린 마음으로 진심으로 미안하다고 얘기하며 다가서자. 우리가 아이나 강아지에게 조건 없이 마음이 녹듯이, 우리 내면아이도 긴장이 풀어진 듯 나에게 달려와 덥석 안길 것이다.

외출하고 돌아왔을 때 늘 언제나 그 자리에서 주인을 기다리는 강아지처럼 우리 내면아이도 언제나 그곳에서 당신의 부름을 기다리고 있었다. 늘 같은 자리에서.

내면아이가 듣고 싶은 말을 해주자. 모든 인간관계, 부모님과의 관계, 직장 생활, 부부 관계, 자식과의 관계 등. 언제나 내 안의 내면아이와 내가 조화로운 관계가 이루어졌을 때 비로소 인간관계도 술술 풀리게 되는 것이다. 어떤 일을 할 때 나의 내면아이가 좋아하는 일인지, 싫어하는 일인지 물어보는 일부터 시작해보자.

02

가장 적절한 시기는 언제나 지금이다

"당신은 1년 전보다, 한 달 전보다, 일주일 전보다 더 잘 살고 있는가?
그렇지 않다면 앞으로의 사정도 저절로 나아지지 않는다."
- 『나는 4시간만 일한다』, 팀 페리스

우리는 새해가 되면 늘 새로운 계획을 세운다. 운동하기, 군살을 빼기, 금연, 여행 자주 다니기, 독서 등. 하지만 변변히 작심 3일 혹은 일주일 정도가 유지 기간이 전부인 경우가 많다. 이유가 뭘까? 바로 게으름 병이다. '세상에서 가장 무거운 것은 나의 엉덩이'란 말이 있다.

새해의 계획이나 '내일은 뭘 해야지, 이번 주엔 책을 2권 이상 읽어야 지.'라고 다짐을 하지만 신기하게도 그때마다 못 할 수밖에 없는 일들이 나타나준다. 이를테면 잠자기 전, '내일은 꼭 산책을 해야지.' 마음을 먹었다. 그런데 아침에 일어나 산책을 나가기 전 뉴스를 틀었더니 미세먼지가 심해서 외출을 자제하라는 식의 상황들 말이다.

이 말을 듣고 피식 웃음이 나오는 분들도 많을 것이다. 그런 식으로 매번 계획한 일들이 무산된 경험들이 있을 것이다. 우리가 계획한 일들에 실패하는 것은 일의 중요도에 대한 순서를 잘못 정했기 때문이다. 중요하지도 않은 일들 때문에 매번 중요한 일이 뒤로 미뤄지게 된다. 다음은 『파리에서 도시락을 파는 여자』의 저자 켈리 최 회장님의 인스타그램에 소개된 글인데 너무 중요한 일이라 소개해볼까 한다. 우리의 일들은 급한 일, 급하지 않은 일, 중요한 일, 중요하지 않은 일들로 크게 나누어볼 수 있다. 구체적으로 들어가보자.

1. 급하면서 중요한 일 : 긴급한 위기, 당면한 문제, 마감 기한이 임박한 프로젝트, 긴급한 모임, 질병 및 사고
2. 급하지 않지만 중요한 일 : 목표 설정(삶의 가치관, 비전 확립), 운동, 건강 관리, 명상, 현재 일 개선, 업그레이드, 도전, 사업 시스템 개선
3. 급하지만 중요하지 않은 일 : 중요하지 않은 전화, 메일, 약속, 갑작스러운 방문, 무의미한 접객 및 사고
4. 급하지도 중요하지도 않은 일 : 지나친 TV 시청, 게임, 별 용무성 없

는 수다성 통화, SNS, 푸념하는 술자리, 뒷말, 일에 피해를 주는 방문 등

성공하고 행복한 삶을 살기 위해선, 2-1-3-4 순서대로 중요한 일과 목표가 침범받지 않도록 해야 한다. 그중 2영역에 사용하는 시간의 비율이 가장 높아야 한다. 2영역을 크게 나누어 생각해보면 지금 현재 일에 대한 개선과 업그레이드와 건강한 삶의 추구 부분이다. 그중 운동, 건강관리, 명상 등이 있다. 이중 가장 크고 심오하게 신경 써야 하는 부분이 바로 내면아이 상처 치유 부분이다.

사실 우리는 나 자신을 돌아볼 겨를 없이 사회적 일원으로, 가정에서 원하는 삶에 익숙해져 있다. 그리고 그 책임감과 의무를 '남들도 다 그러니까.'라고 생각한다. 하지만 생각해보자. 그렇게 얘기하는 남들이 과연 행복하게 사는가? 과연 부자인가? 그렇지 않다면 왜 내가 그들처럼 살아야 할까? 나의 시간은 아주 소중하고 귀한 것이다. 앞서 말한 바와 같이 2의 비중이 내 삶의 대부분을 차지해야 한다. 목적도 없이 배를 탄다면 그 배는 침몰하고 말 것이다. 하지만 내 목적지가 정확하다면 설령 거센 비바람이 불더라도 어떻게든 헤쳐 나갈 힘이 솟아난다..

사실 일도 좋고 건강도 좋고 가족도 중요하지만 정작 내가 행복하지

않으면 그 모든 것이 무의미하다. 삶의 기쁨을 느낄 수 없이 살게 된다. 실제로 사회적으로도 성공하고, 좋은 배우자 만나서 결혼도 하고, 아이까지 있는 가장이 심각한 우울증에 걸리거나 자살을 하는 경우가 그렇다. 사회적으로는 성공했지만, 나에 대한 충만한 사랑을 느끼지 못하기에 우울증에 걸리는 것이다. 이 얼마나 끔찍한 일인가? 나는 누굴 위해 존재하는가? 바로 정답을 얘기해야겠다. 나는 나 자신을 위해 존재한다. 누굴 위해서가 아니라, 오로지 나를 위해 존재해야 한다. 이기적으로 들리는가? 절대 그렇지 않다. 부모님도 형제자매도 심지어는 자식까지도 나의 표정이 밝고 행복해야 그들도 행복한 것이다.

좋은 에너지는 좋은 에너지를 끌어당긴다. 내가 이번 달 수입이 많아 엄마에게 100만 원의 용돈을 두둑이 드렸다고 가정해보자. 그런데 표정이 밝지 않다면 엄마는 돈 봉투보다 나의 표정을 먼저 살폈을 것이다. 근심 가득한 얼굴로 드린 돈은 엄마에게도 결코 기쁜 돈이 될 수 없다. 오히려 근심만 쌓이게 하는 길이다. 반대로 수입이 많지 않아 5만 원밖에 못 드렸다고 해보자. "엄마, 열심히 일해서 다음 달엔 더 많이 드릴게요." 했을 때 엄마는 말씀하실 것이다. "엄마 걱정하지 말고 너 먹고 싶은 거 사 먹고 잘 살면 돼."라고 기분 좋게 말씀하시며 5만 원을 기분 좋은 일에 쓰게 되실 것이다.

이런 좋은 에너지를 발산하는 것은, 자기 관리가 잘되어 내가 행복할 때 자연스럽게 흘러나온다. 나는 딱히 현재에 불만이 없는데 행복하지 않다면 나를 한번 관찰할 필요가 있다.

40대 후반의 한 남성이 있다. 사회적으로는 남녀 모두에게 인기가 많고 성격도 활발하다. 재능도 뛰어나다. 하지만 정작 본인은 열정이 없단다. "뭘 해도 재미없고 따분하고 의미가 없어요." 표정으로 알 수 있었다. 정말 모든 게 무료하다는 것을. 그는 어렸을 때 무조건 돈 되는 일이라면 다 했다. 결혼 후에도 돈 버는 일에만 집중했다. 그러다 보니 자녀는 아빠의 부재의 시간에 엄마밖에 모르는 사회성 없는 아이가 되었다. 집에 가면 아내나 자식에게 환영을 받지 못한다. 그러니 돈 버는 의미가 없다.

돈은 필요했기에 일은 한다. 시간 보내기 식의 직장 생활을 하다 보니 직장 생활도 재미가 없다. 항해는 해야 하는데 목적지가 없다. 과정이 재미가 없다. 한때 잘나갔을 때는 집에 돈만 가져다주고 자신의 스트레스는 중독으로 풀었다. 새로운 여자 만나기, 알코올 중독, 게임, 자기 재능 자랑하며 칭찬받기…. 사실 이런 사람들은 어린 시절의 나를 떠올려볼 필요가 있다. 이 40대 후반의 남성은 가정을 돌보지 않은 아빠를 두었다. 어머니는 돈을 벌어야 했기에 집안을 돌볼 여력이 없었다. 울 때마다 먹을 것으로 사랑을 대체해주었다. 이후 성인이 돼서도 이 패턴이 반복되다 보니 새로운 행복이 없는 것이다.

치유되지 않은 내면아이는 성인이 돼서도 잠들 때까지 먹는 일을 반복하면서 그 자리에 멈춰져 있었다. 지금 당신의 인생이 무료하고 열정이 없다면 과거 속 영광만 떠올리며 추억 속에 사는 게 아니라 아픈 구석도 돌아봐줘야 한다는 사실이다. 이런 아픔을 들춘다는 게 많은 용기가 필요할 수도 있다. 많이 슬퍼하며 울 수도 있다. 아프더라도 애도를 하고 치유를 해야 한다. 받지 못한 것은 상실이고, 결핍이 내 안에 있다. 어릴 때 충족되지 못한 결핍이 갈망으로 남았다. 갈망은 대상에 대한 강한 집착으로 성장했다. 새로운 대상을 만나 결핍을 채우고자 하지만 정작 만족감은 잠시뿐이다.

앞서 시간 관리 매트릭스를 소개한 이유가 있다. 시간 관리는 어떠한 초점에서든 굉장히 중요한 일이다. 그중 내면아이 상처 치유 과정에서는 더더욱 중요하다. 중요한 일, 좋아하는 일, 재미있는 일에 집중하다 보면 행복감을 느낀다. 그러면서 나 자신을 사랑하게 되고 더 큰 의미의 감사를 하게 되는 것이다. 좋아하는 일을 반복하면서 그때 내 안의 깊은 울림은 나를 더 발전하게 만들어준다. 이제는 어린 시절 엄마에게 받고 싶던 특별한 사랑을 받을 수 없다는 걸 인정하고 받아들여야 한다. 그리고 그 감정을 놓아주어야 한다. 내 안에서 엄마의 사랑을 갈구하며 이제까지 외로운 시간을 보낸 나의 내면아이를 마주할 시간이다.

비워야 채워진다는 말이 있다. 그 자리를 비워야 사랑이 채워질 수 있다. 놓아버림의 과정이 필요하다. 이렇게 놓아버림으로써 내 남편, 내 아내, 내 자식, 내 애인의 사랑을 있는 그대로 받아들일 수 있다. 이제 어두운 방에서 나와 밝은 곳으로 나올 시간이다. 이런 나의 용기로 나의 내면아이와 내가 하나가 될 수 있다. 가장 적절한 시기는 지금이다. 지금 나의 내면아이의 상처를 애도해주고 치유하는 과정을 통해 내가 그렸던 삶이 펼쳐진다. 늘 밝은 표정으로 나는 사랑받기 위해 태어났음을 인지하자. 반짝반짝 빛나는 영롱한 존재임을 충분히 느끼면서 살아도 되는 가장 적절한 시기는 바로 지금이다.

03

지금 알고 있는 것을 그때도 알았다면

"네 인생을 너 스스로 망치고 있으면서 부모 탓하지 마라.
불평만 일삼을 것이 아니라 잘못한 것에서 교훈을 얻어라."
– 빌 게이츠

"히터(보이지 않는 에너지 포스)는 늘 거기에 있다. 언제든 사용할 수 있는, 그런데도 켤 생각조차 하지 않는 히터가. 그런데 우리는 히터가 있다는 사실조차 모른다."

『E2』에서 팬 그라우트가 한 말이다. 이 문구를 몇 번을 읽었는지 모른다. 이 문구를 통해 나는 2가지 생각이 났다.

첫 번째는 꿈이다. 우리는 학교 교육을 통해 다양한 지식을 습득했다.

학교 선생님이 가르쳐주는 대로, 부모님이 이끄는 대로, 착하게 말 잘 들어 어엿한 성인이 되었다. 직장을 선택할 때도 많은 사람들과 부모님이 지목한 직장을 선택하기도 했다. 심지어는 결혼까지도 부모님에게 효도할 것 같고 부모님이 좋아하는 사람과 결혼한 사람도 적지 않다. 이렇게 순탄하게 학교에서 배운 대로 열심히 살았고 부모님이 좋아하실 것 같은 인생을 선택했는데 왜 행복하지 않을까?

그건 내 인생에 나의 꿈이 빠졌기 때문이다. 우리나라뿐만 아니라 전 세계적으로도 자신의 전공대로 직업을 가진 사람은 극히 소수의 사람뿐이다. 사실 나도 집에서는 간호사나 은행원이 되기를 원했었다. 하지만, 나는 주삿바늘만 봐도 속이 울렁거렸다. 주사를 좋아하는 사람은 없겠지만 나는 유독 심했다. 어린 시절 큰오빠가 오토바이 교통사고로 크게 다쳐 오랜 시간 병원 신세를 져야 했다. 엄마는 집밥을 해서 큰오빠의 병문안을 다녔다. 그때 항상 막둥이 어린 나를 데리고 다니셨다.

나는 내 의지와 상관없이 오빠가 입원한 병원을 자주 다니면서 병원 특유의 소독 냄새에 거부 반응이 일어났다. 심지어는 몇 십 년이 지난 지금까지도 TV 뉴스나 드라마에 병원 장면만 나와도 먹던 식사를 멈춰야 할 정도이다. 이런 내가 간호사가 된다는 건 무척 힘든 일이다. 그리고 나는 유독 수학이나 산수에 약하다. 이런 내가 은행원이 된다면 결과는 불 보듯 뻔한 일이 될 것이다. 하지만 이 두 직업을 선택하지 않았다고 해서 내가 원하는 직업을 갖게 된 건 아니다. 대다수 사람이 그러하듯 나도 나의 꿈과 상관없이 적당히 성격에 맞는 직장을 다니게 됐다.

그렇게 오랜 직장 생활을 하면서 나는 늘 공허함을 느꼈다. 앞서도 말했지만, 나는 백화점 판매업을 꽤 오랫동안 했다. 사람들을 만나는 게 좋았고, 직원들과도 꽤 사이가 좋은 편이었다. 하지만, 전문적인 지식이나 업그레이드되는 실력이 필요하지는 않았다. 만들어진 상품을 보기 좋게 진열하고, 청소하고, 재고 정리만 잘하면 된다. 고객 서비스와 판매 기술은 이미 익숙해진 일이다. 고객이 기분 좋게 상품을 구매하고 가시면 그만이다. 그중 상품이 맘에 들거나 또 생각나면 재구매가 이루어진다. 그 또한 보람 있고 기분 좋은 일이라 생각하고 열심히 일했지만, 시간이 지날수록 나의 꿈과 상관없이 시간만 보내고 나이만 먹고 있다는 생각을 떨칠 수가 없었다.

두 번째는 내면아이 상처 치유이다. 사실 내면아이 상처 치유는 모든 일 중 가장 중요한 1순위라 말할 수 있다. 나의 꿈, 부모에 대한 효도, 이성 교제, 결혼, 친구 관계, 직장 문제, 자녀 교육, 심지어는 처음 보는 사람을 대하는 일에 이르기까지 중요한 부분이다. 우리가 일기를 쓰고, 칼럼을 쓰고, 글씨를 쓰는 모든 기초 단계가 있다. 바로 기역, 니은 단계를 거쳐야 가능하다는 것이다. 이처럼 인간관계의 가장 기초 단계가 내면아이 치유이다. 우리의 모든 일상과 관계와 꿈은 내면아이와 직접적인 영향을 미치기 때문이다.

사실 우리가 맺는 인간관계에서의 문제점은 상대방이 아니라 나에게서 찾아야 한다. 나와 어떤 사람이 늘 보기만 하면 다툰다거나 그 사람만 만나면 기분이 안 좋다는 것은 둘의 에너지가 맞지 않는 것이다. 어린 시절 부모로부터 폭력을 당한 기억이 있다면 그 지점에 상처받은 내면아이가 있다. 그런데 애인의 언어가 거칠거나 폭력적인 성향이라면 당연히 불편할 수밖에 없다. 목소리가 크고 폭력적인 사람은 상대방을 이기고 싶어 하는 욕망이 강하다. 이런 사람들은 이기고자 하는 욕구가 강하므로 자기보다 말을 많이 하거나 상대방이 큰소리를 내면 더 분노하는 경우가 많다.

이처럼 에너지가 안 맞는 사람과의 관계는 우리의 기본 욕구인 행복과는 거리가 먼 것이다. 얼마나 고통스러운 일인가! 하루 24시간 중 절반 이상을 직장에서 생활하는데 직장에 싫은 사람이 있다면? 나의 애인의 가장 친구가 나랑 안 맞는 성향의 사람이라면? 나의 배우자를 사랑해서 결혼했는데 그의 가족과 너무 안 맞는다면? 사랑 하나 믿고 결혼했는데 도저히 혼인 생활을 유지하기 힘든 폭력적인 사람이었다면? 자식을 낳

있는데 자식은 예쁘지만 배우자와 도저히 살기 힘들다면? 나는 돈이면 최고인데 배우자가 맞벌이를 죽기보다 싫어한다면? 그 외에도 여러 경우가 있을 것이다.

생각만 해도 숨이 막혀 오는 슬픈 일이 아닐 수 없다. 조금만 관심 있게 쳐다봤다면 쉽게 알아볼 수 있었다. 손만 뻗으면 스위치를 작동시켜 언제든지 사용할 수 있는 히터(나는 여기서 '내면아이'라고 표현하겠다.)가 언제나 그 자리에 있었다. 우리는 5살 때까지 습득한 낡은 방식의 행동 방식을 무한 반복하며 살아가느라 정작 행복을 놓치고 살아온 것이다. 우리의 지금 생활은 그것이 불행을 초래한 줄도 모르고 산다. 낡은 테이프를 반복하듯, 그렇게 유리관 속의 햄스터처럼 살아온 것이다.

우리는 익숙함이 주는 속임수를 알아차리는 걸 두려워한다. 나와 같은 업종에 일하는 30대 중반의 여성이 있다. 그녀는 어린 시절부터 노래를 좋아했고, 라이브 카페에서 일하는 것을 무척 행복해했다. 야간 일이라는 단점 때문에 낮의 일도 해보았지만 결국 노래와 함께하는 라이브 카페를 다시 선택했다. 라이브 카페 사장이라는 꿈도 꾸고 있다. 그런데 그녀에게는 정수기 판매업을 하는 언니가 있다. 이 언니는 그녀의 가게도 자주 놀러 가기도 하고 어느 순간엔 밖으로 불러 만나기도 했다. 그런데 이 언니의 방문이 너무 자주 일어난다는 것이다. 그녀의 사장님을 통해 이야기를 들었다.

"아니, 친언니라는 사람이 어지간히 자주 와야지. 가족이니 뭐라 말도 못 하겠고. 오면 맨날 푸념만 늘어놓고, 질질 짜고. 우리 가게 개점 시간도 있는데 한 시간도 좋고, 두 시간도 데리고 있다가 출근시키면 나는 장사를 언제 하냐고. 나는 땅 파서 장사하냐고! 그게 다인 줄 알아? 툭하면 죽겠다, 힘들다 하면서 자기 회사 들어오라고 하는데 난들 기분 좋겠냐고. 어휴 속상해 정말!"

그 30대 여성은 언니와 사이가 무척 좋다. 동생이 언니의 방문이 부담스럽고 사장님을 조금이라도 배려한다면 언니에게 조심스레 한마디쯤 했을 텐데 그것도 아닌 것 같았다. 언니만 왔다 가면 일에 집중도 못 하고 우울해한다. 언니 걱정에 술을 마시고 울기까지 하니 사장으로서는 좀 심란한 일이 아닐 것이다. 가족도 에너지 뱀파이어가 될 수 있다. 하지만 이 여성의 경우 자기가 직장에 피해를 주는 것도 인지하지 못할 뿐만 아니라, 자기 언니를 뱀파이어라고 인식을 안 하는 게 문제였다.

성인이 된 형제, 자매간이라도 각자의 가정이나 직장에 대해 배려를 해주어야 한다. 가족이기 이전에 사회생활을 하고 가정을 꾸린 경우라면 그 생활 또한 존중해줘야 한다. 이 자매의 경우처럼 가족이란 무기로 직장에, 가정을 좌지우지한다는 것은 결국 모든 생활을 단절시키는 것과 다를 바 없다. 이 자매의 경우 언니가 동생에게 너무 의지하는 모습을 보였다. 보기에 따라서는 사이가 좋아 보일 수도 있겠지만, 일방적인 언니의 의지로 동생은 어린 시절부터 자신의 모든 걸 내어주고 산다. 그렇게 동생은 언니의 쓰레기통 역할을 하며 슬픔을 혼자 감당해 내고 있었다.

손만 뻗으면 언제든지 켤 수 있는 히터처럼, 우리가 보려 하지 않았던 내면아이는 항상 내 안에 있었다. 내면아이를 돌보지 않으면 가족에게 지인에게 사랑하는 사람들에게 직장 생활을 하면서 원만한 인간관계를 갖기 어렵다. 우리는 늘 내가 피해자라고 생각한다. 하지만 과연 나는 타인에게 어떤 영향력의 사람인지 돌아볼 필요가 있다. 당신의 따뜻한 말한마디 관심을 받기 위해서 그 아이는 당신 안에 오직 당신만을 바라보면서 그곳에 있었다. 집에 있는 아이와 가족을 돌보는 게 우선이 아니라, 당신 안의 내면아이에 대한 애정을 아낌없이 주어야 할 때이다. 늦을 때란 없다. 지금에라도 이 책을 통해 조금씩 바꾸기로 마음을 먹었다면 지금까지 느낀 적 없는 행복이란 세계가 당신을 맞이해줄 것이다.

04

모든 일에는 다 이유가 있다

"내가 가지고 있는 것에 감사한다면 당신은 더 풍요로워질 것이다.
하지만 당신의 인생에 없는 것들을 보면서 불평한다면
당신은 늘 부족할 것이다."
– 오프라 윈프리

　지구 안에 존재하는 모든 것들에는 존재 이유가 있다. 길에 핀 잡초조차도 존재 이유가 있다. 우리 집 안을 한 번 둘러보자. 어느 것 하나 중요하지 않은 물건이 없다. 하물며 우리는 사람인데 얼마나 귀한 존재인가! 사람들에게 욕을 얻어먹고, 지질하다고 여겨지는 사람조차 자기 집에선 존중받는 사람일 수도 있다.

　나와 맞지 않는 어떤 사람이 있다고 치자. 그건 서로 가치관이 틀리고 에너지가 안 맞는 것뿐이지 그가 나쁜 사람이라고 할 수는 없다. 우린 이렇게 에너지가 안 맞는 사람들은 안 보고 사는 것, 최대한 만나는 횟수를 줄이는 방법으로 나름의 결론을 내리면서 인간관계를 해왔다.

　내가 아는 50대의 두 요리사가 있다. 한 분은 한식 요리사이고, 한 분은 중식 요리사이다. 이 두 분은 만날 때마다 다투곤 한다. 한식 요리를 하는 분은 한식이 최고라고 말한다. 중식 요리를 하는 분은 중식이 최고라고 늘 힘겨루기 싸움을 한다. 이렇게 시작된 싸움은 술 한 잔씩 들어감에 따라 인성 공격으로까지 커진다. 우리는 한국이란 나라에서 태어나 한식과 떼려야 뗄 수 없는 음식문화를 갖고 있다. 오죽하면 해외여행을 갈 때 고추장을 챙겨 갖고 가는 사람까지 있을까. 하지만 문화가 발달하고 외식도 자주 하면서 배달음식을 이용하게 되는데, 그중 빠질 수 없는 게 중국 요리이다.

　이 두 분을 보며 우린 어떤 생각이 드는가? 한식 중식 모두 적절하게 섭취하며 사는 게 우리의 보통 모습이다. 미로를 앞에서 보면 모든 게 선으로 보인다. 하지만 위에서 밑을 내려보면 어떤 것은 별 모양도 있고, 어떤 건 하트 모양이 될 수도 있다. 우리가 역경이라고 여기는 일들도 위에서 바라보면 길이 보인다. 인간관계나 어떤 문제도 관점을 바꿔서 보면 문제를 해결할 수 있다.

　우리가 문제라고 여기는 일들도 사람의 관점에 따라 문제가 아닌 경우가 많다. 20대에 역경이라 생각했던 큰 문제들. 지금 생각하면 어떤가?

지금의 나는 그게 결코 문제가 아님을 알 것이다. 그 문제들을 경험하며 성숙된 지금의 당신이 된 것이다.

『확신의 힘』의 저자 웨인 다이어는 "우리 내면에는 '나는 곧 나(I am that I am)'로 불리는 신성한 불꽃이 있는데, 그것을 싹틔우고 길러주면 놀라울 정도의 기적을 일으킬 수 있다."라고 말했다. 우리 내면에 아직 발굴되지 않은 우리의 무한한 능력이 숨겨져 있다. 나는 당신의 그런 고급 에너지들을 남을 비난하고 헐뜯는 데 쓰는 게 아니라고 말하고 싶다. 내 인생을 아름다운 별로 만들고 싶다면 네모나 세모를 생각하지 말고 별만 생각하면서 갈고닦기를 바란다.

비록 앞에서 볼 때는 모두 같은 하나의 선으로 보일지라도 적어도 나는 알고 있지 않은가! 내가 지금 별을 만드는 중이란 것을. 혹 누군가 어차피 똑같은 선인데 시간 낭비를 왜 하냐고 비난하더라도 대수롭지 않게 넘기고 꾸준히 별 만들기에 집중하자. 그리고 멋지게 별을 완성하고 여전히 선이라고 말하는 사람에게 산 위에서 밑을 바라보게 해보라. 그제야 그들은 찬란하게 빛나는 당신의 아름다운 별을 보게 될 것이다.

우리가 분명한 목표를 설정하고 전진할 때, 그 과정을 고난이라고 생각하는 사람은 없을 것이다. 내가 좋아하는 일을 할 때는 우린 힘든 줄 모르고 한다. 시간이 어떻게 흐르는 줄 모를 것이다. 그 일에 집중하다 보면 다른 것에 시간을 쓰는 게 아까워 죽을 지경이 된다. 주변 누가 뭐라고 하든 귀에 들리지 않을 것이다. 그런데도 내가 꿈을 향해 전진하는데, 나의 집중이 흐려질 때는 2가지 원인이 있다.

첫 번째는 내 꿈이 그만큼 간절하거나 확고하지 않은 경우이다. 그래서 나의 꿈은 내가 좋아해서 즐겁게 할 수 있는 일이어야 한다. 그리고 어떤 에너지 뱀파이어가 와서 훼방을 놓아도 흔들리지 않을 만큼 단단하고 명확한 꿈이어야 한다. 진로를 '대학교에 가는 것!'이라고 결정했다고 가정해보자. '무조건 서울에 있는 대학교'라고 생각하는 사람과 '2021년 서울대 문예창작과 가기'라고 설정하는 사람은 목표 설정부터가 다르다. 꿈은 분명하고 구체적으로 적어야 한다.

꿈은 마음속으로 생각하는 것보다 글씨로 써서 매일 보며 시각화를 해야 한다. 작가 그레그 S. 레이드는 저서 『10년 후』에서 "꿈을 날짜와 함께 적으면 목표가 되고, 목표를 잘게 나누면 계획이 되며, 계획을 실행에 옮기면 꿈은 현실이 된다."라고 말했다. 실제로 나도 이렇게 글로 써서 이룬 꿈이 몇 가지 있다. 나는 집과 가게에서 수시로 감사일기를 쓴다. 하루는 아무 생각 없이 지난 노트를 넘겨보게 되었다. 거기에는 나의 일종의 버킷리스트 몇 목록이 눈에 띄었다.

1. 나는 베스트셀러 작가이다. 멋져! 감사합니다.
2. 나는 인기 유튜버이다. 최고야! 감사합니다.
3. 나는 펜션 라이브 카페 건물주이고, 멋진 정원에서 차를 마시며 글을 쓰는 멋진 작가다. 모든 꿈이 이루어졌다. 감사합니다.

2020년 4월 2일 목요일에 작성한 꿈 리스트이다. 정확히 1번과 2번을 이루었다. 2020년 8월 3일에 나의 첫 저서인 『하루 1시간 음악의 힘』 책을 받았다. 그리고 출판사와 계약을 하고서 본격적으로 '라붐 시크릿 TV' 유튜브를 찍어 현재 100개의 영상이 올라와 있는 유튜버가 되었다. 3번도 펜션 라이브 카페 건물주는 아직 못 되었지만, 작가로 사는 삶을 살고 있으니 50%는 이룬 셈이다. 나의 꿈이 확고하다면 에너지 뱀파이어쯤은 문제가 되지 않는다. 이처럼 소원을 종이에 쓴다는 것은 엄청난 힘을 발휘한다.

두 번째는 바로 내면아이 상처 치유이다. 우리가 친구를 만나고, 직장 생활을 하며 돈을 벌고, 가족 간의 관계를 비롯한 모든 관계의 공통점은 사람과의 대면이 일어난다는 사실이다. 그렇기에 내면아이 상처 치유야말로 모든 인간관계의 기본 중의 기본이다. 그만큼 중요한 일이다. 나는 현재 인천시 연수구 연수동에 있는 '라붐 라이브'라는 라이브 카페를 운영 중이다. 이 시대를 사는 사람들은 누구나 힘든 일을 겪기 마련이고 누구나 외로움을 느낀다. 나는 내가 좋아하는 음악으로 사람들의 희노애락(喜怒哀樂)을 함께할 수 있는 내 직업을 사랑하고 보람도 크다. 하지만 처음부터 즐겁고 기쁘기만 한 것은 아니었다.

음악을 제공하는 일이다 보니 식사 위주인 식당보다는 아무래도 술을 드시는 손님이 대다수이다. 술을 마시는 이유가 다양하듯 술을 마시는 사람들의 성향 또한 다양하다. 기뻐서 마시는 사람, 슬퍼서 마시는 사람, 화가 나서 마시는 사람, 회식이니까 어쩔 수 없이 마시는 사람, 그리고 알코올 중독자 등이 있다. 나는 술자리를 좋아하지만 그렇다고 없는 술자리를 만든다거나 찾아다니면서 먹는 스타일은 아니다. 하지만 가게에 오시는 손님에게는 최대한 편안하고 즐겁게 지내도록 애쓴다. 말을 함부로 한다거나, 욕을 한다거나, 접대부 취급을 하는 분들은 정중히 거절한다. 그래서 우스갯소리로 손님을 너무 가려 받는다고 말하는 지인도 있다.

처음엔 모두에게 다 친절하겠다는 마음으로 일을 했다. 그래서인지 그럴 수 없는 손님까지 응대하는 일은 굉장한 어려움을 동반했다. 상황도 문제였지만 역시 이런 경우에도 내면아이 상처 치유가 큰 역할을 한다. 내면아이 상처 치유는 나의 꿈이나 심리에도 큰 영향을 주지만, 관계 개선에 더 필요한 치유 과정이다. 예전엔 불편해서 버틸 수 없는 상황들이 내면아이의 마음을 치유한 이후로 응대하는 데 아무 문제가 되지 않았다. 나의 내면아이의 불편한 부분을 쉽게 알 방법이 있다. 바로 어떤 사람의 행동이나 말에 내가 화가 나는 지점을 관찰해보는 것이다.

'내가 이런 일로 이렇게까지 분노한다고?' 상대에 따라서 내 분노가 달라질 수 있다. 분명 똑같은 일이 벌어졌는데 어떤 사람에게는 불같이 화를 내고, 다른 사람에게는 유하게 넘어가는 일도 있다. 보기에 따라 한 사람은 무시를 한 것이고, 한 사람에게는 꼬리를 내리는 것이다. 불같이 화를 내는 그 지점에 대면이 일어나 분노를 하는 것이다. 그런데 왜 같은 경우인데도 한 사람에게는 화를 못 내는 것일까? 자신에게 어려운 사람인 것이다. 다른 말로 안전한 사람이 아니다. 안전한 사람은 결국 나에게 좋은 사람인데 왜 좋은 사람에게 화를 표출하여 상처를 주고, 어려운 사람에겐 참는 걸까? 이 얼마나 불편한 진실인가!

모든 일이 일어나는 데는 다 그만한 이유가 있다. 이 책을 통해서 조금씩 당신의 새로운 모습을 알게 될 것이다. 내면아이 상처 치유를 통해 당신의 명품 인맥은 늘어날 것이다. 그리고 자연스럽게 에너지 뱀파이어도 가려지게 될 것이다. 앞으로 당신의 인생은 훨씬 좋은 사람들로 채워질 것이며 따라서 모든 시간이 행복해질 것이라고 감히 나는 장담한다. 내면아이와의 유대감 형성을 통해 어린 시절에 접하지 못했던 경이로운 경험을 하게 된다. 이 사랑스러운 관계를 통해 혼자 있을 때나 다른 사람과 있을 때 모두 '오로지 축복된 나'로, 고귀한 당신으로 살아가기를 응원한다.

사랑은 내면아이 치유부터 시작된다

"우리는 자신이 어떤 사람으로 기억되기 바라는지에 대해
스스로 질문해야 한다. 그리고 늙어가면서 그 대답을 바꿔야 한다.
그 대답은 차츰 성숙해가면서 그리고 세상의 변화에 맞춰 바뀌어야만 한다."
– 피터 드러커

대다수의 사람이 정말 열심히 살았다고 자신의 삶을 자부할 것이다. 적당한 학력, 적당한 직장, 그리고 적당한 나이에 결혼했다. 흔히들 얘기하는 평범한 삶으로 살았으므로 모나지 않은 인생인 것이다. 어쩌면 그보다 더 잘살고 있을 수도 있다. 하지만 그 평범의 기준은 어디에서 형성된 것인가? 학창 시절 나보다 공부도 못하고 지질하던 애가 어쩌다 나보다 더 높은 위치에 있는가? 그것은 각자의 눈높이의 차이이다.

쉽게 얘기해서 당신은 어린 시절 시골집 뒷산이 세상에서 제일 멋지고

높은 산이라는 기준이 있다. 하지만 당신의 A 친구는 그 지역에서 가장 높은 지리산과 설악산을 보고 있었다.

더 나아가 세계적으로 유명한 영국의 에베레스트 정복까지 꿈꾸고 있었다. 당신은 뒷산이 제일 높다는 기준이 있었다면 친구 A의 기준은 더 높은 곳에 있다는 사실이다. 그래서 평범이라는 기준을 높일 필요가 있다. 행복의 기준도 마찬가지이다. 우리 부모님 세대엔 그저 자식 안 굶기고 고기 반찬 해주는 게 최고의 사랑법이었다. 하지만 요즘엔 그렇지 않다. 멋진 레스토랑에서 우아하게 스테이크 칼질하는 법도 배우고, 포도주를 정중하게 따르는 식사 예의도 배우게 된다.

어린 시절 잘못된 가족 구조의 피해 때문에(아버지의 외도, 엄마의 가출, 가족을 돌보지 않는 부모, 폭력과 온갖 종류의 학대들) 가족만은 지키겠다는 의무적인 가정 지키기가 목표가 됐다면 과연 당신의 행복은 어디에서 찾을 것인가! 잘못된 가치관의 성립이 나를 얼마나 망가뜨릴 수 있는지 자각해야 하는 시점이다. 행복해지고 싶은가? 누굴 위해서! 성공하고 싶은가? 우리 일상에서 나는 참으로 슬픈 현실을 자주 보게 된다. 돈을 버는 것부터 시작해 모든 일상이 가족이나 자녀 혹은 타인에게 보여주기 위한 나로 살아가는 이들이 의외로 너무 많다는 사실이다.

행복, 성공은 모두 나의 사랑으로부터 시작해야 불행해지지 않는다. 내가 아는 50대 중반의 지인 한 분은 학창 시절 공부도 잘했고 일명 '엄친아'로 타인의 부러움을 사는 엘리트이다. 똑똑한 탓에 30대에 정신과 전문의가 되고 어여쁜 아내도 생겼다. 자식이 생기면서 더 열심히 일했다. 그러던 어느 날 과로로 쓰러지는 일이 발생했다. 일주일을 입원하면서 그 50대 남성은 이런저런 생각에 머리가 복잡해졌다. 아무리 몸과 마음이 피곤해도 돌봐야 하는 환자들을 돌보았다. 돈을 벌었고, 기대가 높은 가족들의 멋진 아빠로 살려고 발버둥을 쳤다.

젊은 시절 그는 여행을 아주 좋아하는 낭만주의였다. 하지만 수십 년 동안 가족 돌보미로 살았다. 그러던 중 가족 여행을 제외한 나만의 힐링 여행을 한 적이 단 한 번도 없단 사실을 깨달았다. 입원 내내 알 수 없이 끓어오르는 분노를 참을 수가 없었다. 남들 돌보느라 정작 나의 인생이 없었다는 사실을 50대 중반에 깨닫게 되다니 억울하기도 했다. 그래서 큰 결심을 하고 병원 문을 닫고 혼자 9박 10일의 세계여행을 떠나기로 한다.

곳곳을 다니면서 비로소 다양한 사람의 얼굴을 여유 있게 관찰하였다. 좌판에 앉아 과일을 파는 노인의 표정에는 여유가 묻어 있었다. 커피숍에 앉아 수다를 떨고 있는 사람들에겐 근심이 없었다. 거리 한복판에서 악기를 부는 악사의 모습에는 행복이 묻어 있었다. 까르르 해맑게 웃는 아이의 표정이 싱그럽다. 또르르 굴러가는 꽃잎 한 장을 보며 갑자기 울컥 서러움이 북받쳤다. '아, 내 인생….' 마치 아무것도 들리지 않고 아무것도 보이지 않는 것처럼 혼자만의 보호막이 쳐진다. 그리고 짐승처럼 미친 듯이 울어댄다.

한국으로 돌아온 이 50대 남성은 자신의 감정에 집중해보았다. 그리고 눈을 감고 이번 여행으로 행복했던 일과 슬픔에 잠겼던 일을 돌이켜 생각해본다. 순간 자신이 행복했던 지점은 맛있는 음식을 시간에 구애 없이 편안하게 먹을 때였다. 자신은 언제나 엄마의 기대를 저버리면 안 되는 아들이었다. 술을 드시고 온 아버지는 어떠한 트집을 잡아서라도 엄마를 비난하고 살림을 때려 부수곤 했다. 아빠를 상대하기엔 본인의 힘은 너무 적고 약했다. 그가 할 수 있는 일은 그런 엄마를 지켜내기 위해 공부를 해야 했고, 엄마가 원하는 직업을 선택해야 했다. 사랑하는 여자가 있었지만 헤어지고, 엄마가 원하는 교회 다니는 여자와 결혼을 했다.

아이 잘 키워주고 종교 활동 정말 열심히 하는 여자와 살고 있다. 그렇게 자신의 어머니에 대리 부모 역할을 하면서 마음 편안히 식사해본 적이 없던 것이다. 그리고 슬펐던 일을 생각해보았다. 별거 아닌 아주 사소한 일이었다. 여행 중 보게 된 40대 여성이 4살쯤 되는 남자아이의 손을 잡고 지나가는 장면이 떠올랐다. 그 여인의 눈에는 사랑이 가득했다. 마치 "아들아, 무얼 해도 다 괜찮아, 다 괜찮아."라는 평온한 사랑의 눈빛이었다. 천진하게 까르르거리며 뛰노는 사내아이는 엄마에게 아무 적대감이 없었다. 모든 걸 내맡기고 안전함 속에 신바람이 난 아이에 표정은 순수한 사랑 그 자체였다.

바로 그 지점이었다. 50대 중반의 남성은 이제껏 받아보고 느껴본 적 없는 모자 사이의 신뢰와 사랑을 너무도 간절히 원했던 것이다. 감히 꿈꿀 수 없었던, 대단하다고 느꼈던 그 순수한 일상이 목말랐다. 자녀들이 어릴 때 어른들은 어떻게든 가정을 지켜야 한다는 생각 때문에 자신의 성장을(내면아이 상처 치유) 오히려 제지하기도 한다. 자녀에게 안전한 가정을 제공한다는 목적인 것이다. 하지만, 이는 위험한 생각이다. 기꺼이 관계를 잃을 위험을 감수해서라도 자신의 온전함을 추구하는 게 우선순위이다. 억지 관계를 유지하기 위해 나의 상처 치유를 묵인한다면 자녀도 당신처럼 불행한 삶을 살게 될 수밖에 없다.

자살이나 묵은 화(내면아이 상처)는 5대를 거쳐 내려가게 된다. 우리 부모도 알지 못해 가르쳐주지 못했다. 잘못된 신념으로 교육한 방법을 당신의 세대에서 끊어내야 한다. 우리의 자녀들에게는 적절한 역할 모델이 필요하다. 자녀는 온전한 사랑을 줄 수 있는 사람이 키워야 한다.

40대 후반의 여성이 있다. 그녀는 결혼도 하고 아이도 있다. 그녀의 어린 시절 부모님은 항상 다투었다고 한다. 하루하루가 전쟁이었다고 한다. 맞고 사는 엄마는 울부짖으며 그녀에게 늘 이런 말을 했다고 한다. "내가 너 때문에 이혼 안 하는 거야. 아빠 없는 자식이란 소리 안 듣게 하려고…."

이 말로 그녀는 무엇 하나 자유로울 수 없었다. 어린 시절부터 '나는 엄마의 인생을 책임져야 해.'라고 강한 책임감을 느꼈다. 상처 치유 전문가 최희수 소장님은 방송에서 이런 말씀을 하셨다. "애 때문에 이혼 안 하는 게 아니라, 본인이 좋으니까 사는 것."이라고. 혼자 살기 두려운 마음이 됐든, 아이 엄마 노릇을 잘하니까, 아빠 노릇은 하니까, 어떤 이유가 됐든지 절대로 아이에게 책임감을 주어서는 안 된다. 40대 후반의 그 여성은 이야기했다. "이혼을 생각하고 있다면, 하루라도 빨리 헤어졌다면 아빠든 엄마든 나든, 적어도 누구 하나는 행복하지 않았을까?" 그래서 요즘엔 아이가 성인이 되어 부모님의 이혼을 앞장서서 시키는 자식도 있다.

내면아이 상처 치유를 시작하면서 엄마가 원망스럽게 된다. 하지만 당황할 필요 없다. 이는 자연스러운 현상이며 성장이 일어나고 있다는 기쁜 현상이다. 내면아이를 대면하며 배우는 단계의 불편한 감정보다, 자신이 내면아이와 분리되었을 때 겪게 되는 손해가 훨씬 더 크다. 내면아이를 저버린 채 타인을 위해 살아가고 타인을 돌본다는 것은 위험한 결핍 상태에 빠지는 일이다. 아이였을 때 채워지지 않았던 욕구들을 알아봐주고 상실을 슬퍼해주는 과정이 치유의 시작점이다. 그 과정에서 대면하게 되는 상실의 마음을 겸허히 받아들여야 한다.

이제까지 몰랐던 내 안의 또 다른 나를 발견하는 건 새로운 시작이기도 하지만, 많은 두려움을 동반할 수도 있다. 어린 시절 불쌍한 엄마를 위해 희생하며 산다는 것이 당연한 일이 아니었음을 깨닫게 된다. 온전히 순수한 어린아이로 살 수 없었음에 원망의 눈물도 흐를 것이다. 하지만 내면아이 상처 치유는 반드시 해야만 한다. 사랑을 받아본 사람이 사랑을 베풀 수 있다. 이제껏 희생만 한 사람이 아무리 좋은 사람이 나타난다 한들 사랑을 베풀 수 있을까? 상처받은 내면아이의 요구를 긍정적이고 조건 없이 받아들여줘야 한다. 진정한 사랑으로 느낄 수 있게. 그래야만 당신도 사랑하는 사람들을 있는 그대로 사랑할 수 있게 된다.

06

놓치고 싶지 않은 내 안의 너

"자기 스스로 기분을 조절할 줄 모르는 사람은
절대로 행복해질 수 없습니다.
제가 항상 기분이 좋은 이유는
스스로 기분을 조절하기 때문입니다."
— 미야모토 마유미

자기계발서를 읽으면서 자기 성장에 노력하는 사람들은 공통점이 있다. 바로 '확언'을 생활화한다는 것이다. 확언(確言)이란, 사전적 의미로 '확실하게 말함. 또는 그런 말'이다. 예를 들어 "나는 할 수 있다. 나는 부자다. 나는 선한 영향력을 끼치는 사장이다."라는 것과 같은 말이다. 확언함으로써 나의 정신을 가다듬고, 미래에 되고 싶은 나를 상상하며 시각화한다면 더할 나위 없는 효력을 발휘한다. 나 같은 경우엔 벽에 써 붙이고, 비전 보드에 써 붙이고, 화장대 위, 화장실, 심지어는 핸드폰 문구까지 온통 확언투성이다. 마음과 눈에 수시로 시각화를 하고 말하고 마

치 이루어진 듯이 상상하면 마치 그 삶을 사는 듯한 기분 좋은 느낌까지
든다.

하지만 가장 중요한 일은 내가 온전히 기분 좋게 받아들일 수 있는 마음 상태여야 한다는 것이다. (나만의 보물지도 만들기는 나의 유튜브 채널 '라붐 시크릿TV'에 자세히 설명되어 있다) 가장 확실한 방법은 '내면아이 상처 치유'로부터 시작된다. 정말 좋은 직장에서 좋은 조건으로 스카우트 제의가 들어왔다고 가정해보자. 성인 자아의 나는 어딜 가도 그 급여는 굉장한 것이며, 받는 대우 또한 최상의 것이기에 덜컥 제의를 받아들였다. 그런데 사사건건 직원들과 말썽이 생기고, 충분히 내가 할 수 있는 업무임에도 집중이 안 되고 일에 대한 애정을 느낄 수가 없다.

성인 자아의 나는 그 일을 받아들였으나, 나의 내면아이는 그 일이 너무나 싫다. 돈 때문에 따라가서 어울리지 않은 고급스러운 책상과 격식을 차린 이 회사가 너무나 불편하다. 그래서 시시때때로 투정을 부려댄다. 너무 맞지 않아 아내에게 퇴사할까 고민을 털어놓는다. 아내는 그만한 월급을 주는 데가 어디 있느냐면서 펄펄 뛴다. 내면아이는 또 화가 난다. 회사도 집도 내 맘을 알아주는 곳 하나 없다. 당연히 그 상황에 부정적인 말들밖에 안 나온다. '내가 왜 이러는 거지?' 자책도 들면서 관계가 틀어지기 시작한다. 이렇듯 내면아이 상처 치유가 안 된 상태에서는 직

장 생활과 가정생활을 제대로 할 수가 없다.

　결혼 적령기에 있는 연인들에게 어른들이 흔하게 하는 말 중에 '결혼은 멋모를 때 하는 것'이라는 잘못된 믿음이 있다. 또 비슷한 말 중에 '애는 철없을 때 낳는 것'이라는 말도 있다. 대한민국 성인이라면 누구나 한 번쯤은 들어본 말일 것이다. 하지만 정말 큰일 날 말이다. '내면아이 상처 치유 전문가' 최희수 소장님은 이렇게 말했다. "결혼은 4명이 하는 겁니다. 성인이 된 나, 내면아이의 나, 상대 배우자의 성인의 자아, 배우자의 내면아이." 어차피 결혼은 20세가 넘은 성인들이 하는 것이기 때문에 성인들끼리는 싸우지 않는다. 치유 받지 못한 내면아이들끼리 싸운다는 뜻이기도 하다.

　'라면을 네가 끓이네, 내가 끓이네, 일찍 들어오면 안 되냐, 애를 봐 주면 안 되냐' 등등. 부딪히는 부분이 한둘이 아니다. 하지만 생각해보라. 내면아이 치유가 안 된 어린아이가 내 안에 있다. 일이 끝나고 친구들이랑 신나게 놀고 싶다. 어린 시절 엄마가 밥 먹으라고 동네방네 찾으러 다닐 때 조금 더 놀고 싶던 그 어린아이가 내 안에 있는 것이다. 부부 사이에 아이가 생기면 갈등은 더 심해진다. 소파에 누워 내가 좋아하는 TV를 보며 과자를 먹으며 쉬고 싶은데 아내는 아이를 보란다. 나의 내면에는 자녀보다 어린 내면아이가 있는데 도대체 누가 누굴 보란 말인가! 그러니 갈등이 생길 수밖에 없다.

연애할 때나 신혼 때는 다툴 일이 적다. 하지만 아이가 생기고 성장 과정에서 구체적인 상황이 벌어진다. 불편한 대면이 일어나고 그러면서 서로 등 떠밀기 육아를 하면서 갈등은 점점 더 깊어져간다. 성인의 부부는 화해하며 합의점을 찾은 듯하다. 하지만 또다시 아이의 행동에서 나의 어린 시절 상처받은 내면아이는 시도 때도 없이 등장한다. 떼쓰는 아이에게 응징하는 방법을 써보기도 한다. 하지만 원인을 모르겠지만 예쁜 내 새끼이니 어른의 나는 참는다. 어제는 불같이 화가 났지만, 오늘은 너무나 예쁜 금쪽같은 자식이다. 내면의 아이도, 현재의 당신의 자녀도 당신의 이런 모습에 혼란스러워진다.

어른들의 말씀대로 동방예의지국에서 태어난 우리는 착하게 살아야 하고, 멋모를 때 결혼하고, 철모를 때 아이를 낳았지만, 결국 이런 참사를 맞이하게 된다. 결국, 버티지 못하고 이혼이라도 할라치면 동네 창피한 자식으로 주홍글씨를 달고 살게 되는 것이다. 지금은 이혼이 큰 흠은 아니지만, 당당하지 못한 것으로 인식되는 것만은 사실이다. 결혼한 딸들이 아이를 낳고 철이 드는 건 사실이다. 하지만 그건 결혼생활과 육아의 힘든 부분을 엄마로서 공감하는 것일 뿐이다. 제대로 된 참사랑 교육을 받지 못하고 자랐기에 그 딸 역시 마찬가지인 것이다.

사실 우리는 어린 시절 엄마에게 울음과 투정으로 나를 알아봐달라고 끊임없이 시도했다. 하지만, 우린 부모님에게 순종해야 한다고 배웠다. 울면 호랑이가 잡아간다고 겁나는 이야기도 들었다. 아무리 화가 나도 화를 내면 안 된다고 배웠다. 이렇게 억압된 분노는 안에서 맴돌기 때문에 신체적 병으로 나타내기도 한다. 두통, 위장 장애, 요통, 근육의 경직, 심장병, 천식, 알레르기성 피부염 등. 심지어 본인은 고통을 호소하며 병원에 가보지만 병명이 없거나 스트레스성이라는 무미건조한 판정을 받기도 한다. 우리를 정말 고통스럽게 만드는 것은 어떤 사건 때문이 아니다. 그것을 표현하지 못했을 때의 감정 억압이 가장 큰 요인이다.

표현했을 때 건강하게 알아주는 사람이 없었다. 누가 알아주고 받아주기만 해도 묵은 화는 쌓이지 않는다. 하지만 이 감정이란 놈은 미세한 떨림과도 같아서 주변이 따뜻해야 풀어놓을 수가 있다.

평소 강하고 센 척하는 사람이 당황스럽게 갑자기 우는 예도 있다. 만약 그런 사람이 주변에 있다면 따뜻하게 알아봐주길 바란다. 그 사람은 당신이 안전 공간인 것이다. 우리 어린 시절, 엄마 아빠 앞에선 못 울다가 할머니 품에 가면 안전하다고 느낀다. 아빠가 어쩌고 엄마가 어쩌고 쫑알거리며 고자질을 한다. 할머니는 "이구, 이쁜 내 똥강아지를 누가!"라며 무조건 내 편을 들어주신다. 할머니의 이 한마디에 펑펑 우는 것이 그런 것이다.

할머니는 안전 공간이고 할머니는 내 편인 사실에 울다가도 금세 기분이 좋아져 헤헤거리며 신나게 뛰논다. 생각해보자. 우리가 아이였을 때 할머니에게 펑펑 울며 고자질했던 일이 지금 기억나는가? 아마 따뜻했던 '우리 할머니'로밖에 기억이 안 날 것이다. 바로 할머니가 알아봐주었기에 그게 상처로 남아 있지 않다. 우리 안에 그런 순수한 아이가 당신의 보살핌을 받지 못한 채 두려움에 떨고 있다. 그게 상처받은 나의 불쌍한 내면아이이다. 실제로 나 역시 이런 존재조차도 몰랐던 내면아이를 알아봐주기 시작하면서 삶이 바뀌기 시작했다.

상처받은 내면아이는 오랜 시간 방치되어 있었기 때문에 어느 부분에 고통을 받고 있는지 한 번에 알아차리기 어렵다. 그리고 사람마다 다를 수 있다. 우리가 죽을 때까지 성장을 위해 노력을 게을리하지 않아야 하는 것처럼 내면아이 상처도 조금씩 꾸준히 해주어야 한다. 하지만 대단하고 큰일이 아니다. 아주 작고 사소한 부분부터 즉 '내가 너의 존재를 이제야 알았어. 늦게 와서 미안해.'라고 진심으로 말해주는 것만으로도 치유는 시작이 된다. 내가 여왕이고, 내가 최고이고, 모두가 나를 칭찬하고 존중해줘야 한다는 콧대 높은 자존심을 이제 그만 내려놓자.

나 잘난 맛으로 살았던 내가 어떻게 음악을 전공한 사람도 아닌데 라이브 카페 사장이 될 수 있었을까? 그동안 백화점 판매사원이었던 내가 어떻게 작가가 될 수 있었을까? 어떻게 네이버에 내 이름 석 자를 치면 나오는 사람이 되었을까? 바로 내면아이와 통합으로 이루어낸 결과물인 것이다. 사실 보이는 모습을 운운하려는 것이 아니다. 제일 중요한 건 무엇보다 마음이 평온해졌다는 게 가장 큰 기쁨이다. 같은 일 같은 사건에도 분노하지 않고 유연하게 받아들이게 된 것이다. 평화 상태에 놓여 있다는 사실이다.

나는 나의 내면아이를 절대로 놓치고 싶은 생각이 없다. 내가 가진 전부를 잃는다고 해도 나는 이 아이를 끝까지 지켜낼 것이다. 나를 사랑하는 법을 알았기에 눈으로 보이는 모든 게 한순간 없어진다 해도 다시 일구어낼 지혜와 방법이 있다. 실패와 실패를 거듭해서 성공에 오른 사람들은 다시 실패가 온다 해도 다시 일어설 수 있는 것처럼 말이다. 프랑스 철학자이자 승려 피에르 테야르 샤르댕은 말했다.

"우리는 영적인 경험을 겪는 인간이 아니라 인간의 경험을 겪는 영적인 존재다."

당신은 이미 이 땅에 태어났다는 사실만으로도 최고의 존재이며, 최고의 경험을 하기 위해 이 지구별에 태어났음을 믿길 바란다.

07

누구에게도 나 자신을 증명할 필요가 없다

"당신은 삶의 모든 면에서 번영하게 되어 있습니다.
당신은 마땅히 기분 좋게 살아야 합니다. 당신은 멋지고 선한 존재입니다.
당신은 절대적으로 사랑받고 있습니다."
－『유쾌한 창조자』, 제리&에스더 힉스

우리는 얼마나 많은 상황 속에서 나를 증명하며 살아왔던가! 취업을 준비하는 사람이라면 자격증, 학업증명서, 각종 학위서로, 대출을 원하는 사람이라면 재직 증명서나 재산 증명서로, 위임할 때는 가족관계 증명서 등의 서류들로 '나' 라는 사람을 서류화해서 증명해야 한다. 어느 곳 하나 한 사람의 인성을 봐주는 시스템이 없다. 각종 학위가 일종의 인성이 되어버린 것이다.

20대 후반의 한 여성. 그녀는 어린 시절부터 부모님의 말씀 잘 듣는 즉, 화 한 번 낸 적 없는 여자아이로 착실하게 자랐다. 여성스러운 딸로 살길 바라는 부모님의 뜻에 따라 유아교육과를 졸업해 유치원 선생님이 되었다.

하지만 문제는 그다음부터이다. 이성 교제 한 번 못 한 순진한 이 여성이, 순간순간 변덕이 심한 아이들의 심리를 이해할 리 없다. 부모님께 화한 번 못 내고 자란 이 여성은 아이들의 울음과 칭얼거림, 무례한 행동에 하루도 화가 나지 않은 적이 없다. 자신은 한 번도 엄마에게 치맛자락을 붙들고 떼를 써본 적이 없다. 반찬 투정을 해본 적이 없다. 맛이 없어도 배가 고프지 않아도 엄마가 넣어주는 대로 받아먹어야 했다.

이렇게 자란 그녀에게 아이들의 요구는 너무 큰 인내심이 있어야 하는 고된 일일 뿐이었다. 그러니 얼굴은 늘 그늘이 져 있었다. 일이 재미가 없다. 말 그대로 시간 때우기 식의 일이다 보니 아이들에게 좋은 영향을 줄 리 없다. 착한 20대 그 여성은 어느 순간 아이들에게 무서운 선생님, 말 걸기 힘든 선생님이 되어 있었다. 이 여성은 돌파구가 필요했다. 그래서 알코올에 의존하기 시작한다. 놀아본 적 없는 이 여성은 술 조절도 힘들었다. 늘 만취가 되어 실신하듯 잠이 들고 술 해독이 안 된 상태로 출근을 했다. 아이들이 "선생님, 술 냄새 나요, 선생님한테 우리 아빠 냄새 나요."라는 소리에 분노가 올라와 결국 아이의 따귀를 내려친다.

결과는 불 보듯 뻔하지 않은가! 결국, 학부모의 항의에 퇴사를 결정해야 했다. 평생을 부모님 뜻에 살고, 첫 전공을 살려 취업한 첫 직장의 기억이 안 좋으니 재취업 결정하기 겁이 난다. 후에 이 여성은 중매로 만난 따뜻한 남자와 결혼했지만, 너무 바르게 살아온 그 남자가 자신의 분신인 듯 매번 대면하니 살 수가 없다. 자신이 어린 시절 엄마가 하라는 대로 내키지 않는 일까지 묵묵히 했던 행동을 그대로 하는 남편을 보면 화가 치밀어 올랐다. 이때 내면아이 존재를 알고 상처를 치유했다면 그 따뜻한 남자와 잘 살 수 있었겠지만, 결국 그녀는 이혼을 결정했다.

이 여성의 어린 시절처럼 배가 고프지 않은데 엄마가 억지로 밥을 먹이는 행위는 아이의 감정을 억눌러버린 행동이다. 아이가 먹는 음식은 아이에게 이미 충분하다. 이미 충분한 영양소가 있고 배가 고프지 않은데 엄마는 자꾸만 먹인다. 쫓아다니면서 먹이고 혼내기까지 한다. 이는 아이가 음식에 대한 탐험과 감각을 느낄 기회를 빼앗는 행위이다. 아이가 밥을 안 먹을 때 억지로 먹이려는 엄마에게 어떤 잘못된 무의식의 믿음이 있는지 자각해보아야 한다. 엄마 안에 상처가 없다면 아이가 밥을 먹든 안 먹든 편안하게 받아들일 수 있다. 이런 강요가 없다면 아이는 도망 다니면서 엄마와 힘겨루기 싸움을 벌일 필요도 없다.

음식에 심한 집착을 보이는 사람도 있다. 그렇게 배가 고픈 상황이 아닌데 둘이 가서도 3인분 4인분을 주문한다. 좀 전에 배불리 먹고도 돌아서면 또 음식에 집착하는 것이다. 이런 사람의 경우 어린 시절 원치 않는 아이로 태어나 관심을 못 받고 자랐을 가능성이 크다. 놀아달라고 울거나 배가 고파 울었을 때 공갈 젖을 물린다거나, 부모님이 바빠 제때 밥을 못 먹었을 때 먹는 것에 집착이 생기는 것이다. 관심과 사랑과 공허함을 음식으로 대체하게 된다. 게다가 환영받지 못했기에 언제나 외롭다. 이 외로움은 음식에 대한 집착이나 약물 중독, 성격 이상의 증상으로 악화할 수 있다.

상황이 이렇게 악화가 되었을 때는 깊은 공감이 필요하다. 어린 시절 엄마에게 혼나거나 억눌린 나의 감정에 연민을 베풀어보면 어떨까? '엄마도 엄마는 처음이었으니까, 엄마도 분노 조절법을 몰라서, 풀고 비워내는 방법을 알지 못해서, 원하는 사랑을 받아본 적이 없어서.'라고 엄마를 용서해주자. 그리고 그 옛날 나를 온전한 나로 인정해주고 무한한 사랑을 주셨던 할머니의 사랑처럼 내가 나에게 안전하다고 자꾸 말해주는 것이다. 무얼 해도 이제 안전하다고, 내가 나를 진정으로 사랑한다고 스스로 칭찬을 해주는 것이다.

안전한 곳에서 속이 풀리도록 시원하게 울어보자. 나만의 공간인 차 안이라든가, 넓은 바다, 높은 산 속에서 소리를 지르거나 펑펑 울어보자.

나는 실제로 이렇게 고함치고 펑펑 울어서 몸이 개운해진 경험이 있다. 나는 평소 공감받지 못하는 부분을, '그럴 수도 있지.' 하며 넘기는 경우가 많다. 하지만, 내가 열심히 하고, 목숨을 다해 한 일에 대해 비판을 하는 사람을 보면 대수롭지 않게 넘기기가 힘들다. 그게 가까운 사람들이라면 더더욱 그렇다. 한번은 실제로 그런 일이 있어서 퇴근한 이후, 다시 혼자 가게에 왔다.

음악도 꺼져 있는 가게 안은 깊은 적막이 흘렀다. 테이블을 조용히 응시하자 몇 시간 동안 참고 있던 울음이 터졌다. 울음은 잦아지기는커녕 거의 대성통곡을 하다시피 고함을 지르며 울었다. 에라 모르겠다! 나는 속으로 '그래 울어도 돼! 더 크게 울어! 괜찮아 내가 네 곁에 있어.' 그때 혼자가 아니라는 생각이 들었다. 안전한 마음이 들었다. 오늘도 내면아이가 내 곁을 지켜주고 있음을 느낄 수 있었다. 나는 소리를 질렀다.

"미안해! 미안해! 나 지금 너무 외롭고 힘든데 넌 얼마나 그동안 무서웠니! 고마워! 고마워! 나는 정말 멋있어. 어쩜 이렇게 잘하고 있니? 잘하고 있어. 최고야!"

나는 더 크고 격렬하게 울었다. 눈물과 콧물이 범벅이 되었다. 기분이 좋아졌다. 그렇게 한 시간을 통곡하듯 울다 지쳐 깊은 잠에 빠졌다. 눈을 떴을 때, 마치 구름 위를 걷는 듯했다. 내 몸이 솜사탕 같았다. 딱 맞는 표현이다. 몸은 가벼웠고 마음은 달달해졌다. 내가 나를 깊이 사랑하고 있다는 게 온몸과 마음으로 느껴졌다. 속 시원히 울면 무엇이든 하고 싶은 욕구와 행복감이 찾아온다. 내 몸에서 무기력이 빠져나간다.

어른들은 아이들의 체력을 따라가지 못한다. 분명 몸무게도 많이 나가고, 키도 훨씬 큰데 말이다. 왜 그럴까? 바로 어른들의 무의식 속에 풀어내지 못하는 억압된 감정이 쌓여 있기 때문이다. 어른이니까 참아야 하고, 아빠니까 참아야 하고, 남자니까 참아야 하고, 엄마니까 참아야 하고, 사장이니까 참아야 하고…. 우리는 참으라고만 배웠지 풀어내는 방법을 누구도 알려주지 않았다. 오히려 풀어내면 제재를 당하기 일쑤였고 비난을 받기도 한다. 분노를 풀어내는 방법이 잘못됐기 때문에 비난을 받고 손가락질을 당하는 것이다. 그래서 제대로 분노를 풀어내야 한다.

욕을 하고, 사람들 앞에서 소리를 지르고, 술주정하고, 폭력을 쓰는 일은 사람들의 공감을 절대 얻을 수가 없다. 분노를 풀어내고 치유할 수 있는 것 중 노래 부르기를 추천한다. 도시 생활을 하면서 분노를 표출하기에 노래 부르기는 정말 최고의 방법이며 안전한 방법이다. 우리 부모님이 원하는 대로, 사회에서 원하는 대로 살아봤으니 이젠 나를 위해 살아보는 건 어떨까? 희생과 의무, 구속 속에 잠들어 있는 나를 깨워보자. 지금 가진 것을 누구나 잃고 싶지 않을 것이다. 하지만 지금처럼 잘못된 방법으로 반복하며 살아간다면 지키기는커녕 남아 있는 것들을 모두 잃을 수도 있다는 사실을 명심해야 한다.

다른 누구에게 나를 증명할 필요 없다. 내가 빛이고 태양임을 느껴보는 것이다. 말로만이 아닌 내 온몸과 마음으로 받아들여야 한다. 그래야 당신이 지금 잃고 싶지 않은 그 모든 것을 안전하게 더 빛나게 오래 누리면서 살 수 있다. 나를 괴롭히는 것은 타인이 아니다. 언제나 나를 괴롭히는 건 나였음을 인식하자. 똑같은 문제라도 어떤 사람은 수월하게 넘기는 별일이 아닌 일이다. 하지만 당신에게 큰 문제라면 그 문제를 크게 인식하는 당신의 생각 크기가 문제이다. 문제는 사실 문제가 아닌 경우가 많다. 마음의 근육을 키워 이젠 유연해질 필요가 있다. 왜냐면 지금까지 그렇게 고집부리며 살았던 당신의 생각이 맞지 않았다는 걸 살면서 인식했을 테니까.

08

비로소 모든 게 괜찮다는 걸 알게 된다

> "결국, 타인의 시선이라는 건 존재하지 않아요.
> 타인의 시선을 의식하는 나만 존재할 뿐이죠."
> ─『이 한마디가 나를 살렸다』, 김미경

내가 가진 모든 걸 내려놓는 일은 쉬운 결정이 아니다. 거품으로 가득 찬 행복하지 않은 조건들을 부여잡고 사는 것이 무슨 의미가 있을까? 버리지 못하고 내려놓지 못해 혼란 속에 사는 게 행복은 아닐 것이다. 결국, 타인의 시선을 의식해서 보이기 위한 삶을 사는 사람들도 많다. 하지만 남들은 당신이 생각한 만큼 당신의 삶에 관심이 없다. 식당가를 지나가면서 안에 있는 사람들을 관심 있게 본 적이 있는가? 3명이 앉아 먹든, 5명이 앉아 먹든, 웃는 사람, 우는 사람, 싸우는 사람들이 있게 마련이다. 그냥 그것뿐이다. 내가 밖에서 얼핏 본 사람들. 쓱 한번 보고 내 갈 길을 갈 뿐이다. 다른 사람들이 바라보는 당신의 삶도 그렇다.

나의 저서 『하루 1시간 음악의 힘』이라는 책에 불운했던 나의 결혼 이야기를 썼다. 자랑스러워서 쓴 것일까? 그럴 리 없다. 푸념일까? 푸념할 것 같았으면 내 이야기를 쓰는 일 같은 건 애초에 없었을 것이다. 이혼한 남편의 전처와 결혼식을 올린 성당을 다니라고 종교 강압 받은 일, 결혼 1년 동안 아이가 안 생겼다는 이유로 몇 십 년째 별거 중인 시아버지로부터 시동생에게 아이를 낳아달라고 해서 키우라는 충고를 들은 일, 폭력을 당하면서도 누구에게도 말하지 못한 일, 시아버지에게 명의를 빌려줘 아파트가 가압류에 들어간 일, 어떻게든 살아보겠다고 불임 클리닉을 다니며 시험관 시술을 했던 일, 그 와중에 남편의 외도 등.

잊은 듯 꼭꼭 묻어둔 일을 책을 통해 낱낱이 까발리는 일은 나를 굉장히 고통스럽게 했다. 그렇게 힘든 결혼생활을 왜 몇 년씩이나 유지했던 것일까? 바로 남들을 의식했고, 내려놓음이 두려웠기 때문이었다. 나는 이혼녀가 되는 일이 두려웠다.

33층의 복층 아파트에 지인이 놀러와 멋진 펜션에 놀러온 기분이라는 말이 내심 행복했다. 바람을 피우기 전까지 나에게 무한 사랑을 베푸는 남편을 내려놓기 어려웠다. 시골에서 딸내미 이혼했다는 소리에 충격을 받으실 홀어머니를 생각해 쉽게 내려놓을 수 없었다. 하지만, 더는 버티기 힘든 지경에 왔을 때 나는 결정을 해야 했다. 살 것인지 죽을 것인지! 죽는다는 것은, 말 그대로 그 집에서 죽는다는 것이고, 산다는 것은 이혼을 의미한다.

2년여의 이혼 소송은 나를 더욱 지치게 했다. 『하루 1시간 음악의 힘』 243쪽에 그때의 내 상황을 이렇게 묘사했다.

"수많은 크고 작은 언어폭력이 결국 내가 새장 속에서 벗어날 수 있는 용기를 주었다. 그때 나는 이미 날개가 모두 꺾여 날 수가 없는 작은 새였다. 둥지를 틀 힘도 없었다. 나뭇가지를 물 힘도 없었다. 내가 둥지를 틀 안전한 나무도 찾지 못했다. 왜냐하면, 날개가 없어 밖으로 나올 수 없었기 때문이다. 나는 차라리 그렇게 새장 속에서 죽기를 바랐다. 때론 억지로 죽을 시도도 했다. 하지만 그것은 하늘의 뜻이 아니었나 보다."

비바람이 불고, 태풍이 몰아쳐도 결국 탈출을 했다. 날개가 꺾인 채로 바닥에 데굴데굴 굴러 몇 가닥 남아 있는 날개의 털마저 뽑혀버렸다. 그런데 전혀 아프지가 않다. 무지개가 뜬다. '아, 탈출했다.' 이혼하고 스스로 부러진 날개를 치료하고 튼튼한 나무에 튼튼한 둥지를 틀기 위한 과정에서 아주 힘들고 고통스러워 울기도 했지만, 이혼 자체로 슬펐던 적은 없다.

다른 에너지의 사람들은 서로에게 상처가 될 뿐이다. 그리고 한 사람의 희생으로 유지되는 관계는 두 사람뿐만 아니라 가족 전체에도 좋은 영향을 줄 수 없다. 가정은 그럭저럭 유지되는데 나의 표정이 안 좋으면 그 에너지를 받는 사람 역시 좋은 에너지를 받기 힘들다. 부부 사이에 말다툼이 있을 때 상대방의 에너지가 안 좋은 걸 느끼고 한쪽이 참는다면 부부싸움은 멈춘다. 좋은 에너지를 뿜으면서 상대방의 나쁜 에너지를 잠재우고 다시 좋은 에너지를 만들어야 한다. 이 에너지의 힘은 우리 눈에 보이지는 않지만 놀라운 힘을 갖고 있다. 생각이 현실을 만들고 우주에는 치유의 힘이 존재한다. 자신의 삶은 자신만이 이끌어갈 수 있다.

때론 적극적인 생각과 낡은 프로그램이 힘겨루기를 할 때도 있다. 나의 불행한 결혼생활 유지와 새장 속을 탈출할 때의 갈등과도 같다. 살기 위해 혹은 더 업그레이드된 삶을 위해 어떤 결단을 내릴 때 낡은 프로그램들이 발목을 잡기도 한다. 나는 그 낡은 프로그램이 행복의 길이 아님을 인지하고 새 프로그램을 받아들였다. 홀로서기 시작하면서 또 다른 내면의 고통이 일어나기 시작했다. '이건 또 무슨 현상인가?' 그때 알게 되었다. 나의 내면아이의 존재를. 내가 책을 쓰기 시작한 여러 가지 이유 중에 하나는 바로 이 내면아이 상처 치유가 안 되면 모든 관계가 틀어지고 행복이란 녀석을 맞이할 수 없다는 걸 간절하게 알리고 싶었기 때문이다.

우리의 뇌에는 전전두엽이란 기관이 있다. 전두엽의 앞부분에 있는 것인데 우리의 통제력을 담당한다. 통제력을 발휘해서 마음을 조절할 능력이 생긴다. 계획을 세우거나 무엇을 신중하게 선택할 때 사용된다. 전전두엽을 발전시키는 방법은 바로 마음 근육을 단련하는 일이다. 내 감정의 통제권을 타인에게 맡기는 게 아니라 내 감정의 주권을 내가 획득하는 것이다. 내 자동차가 있다. 그런데 타인에게 운전대를 맡겼다. 내 생명과도 같은 운전대를 잡은 녀석은 괴팍하기 짝이 없다. 당연히 운전도 곱게 할 리 없다. 나는 분노가 올라오지만 참을 수밖에 없다. 왜냐하면, 나보다 힘도 세고 목소리가 큰 놈이기 때문이다. 또다시 나는 괴롭다.

하지만 애당초 그 힘센 놈은 잘못이 없다. 운전대를 맡긴 나의 잘못인 것이다. 이는 주도권을 맡겼다는 뜻이기도 하다. 통제권이 상대에게 있으니 얼마나 불안하겠는가? 마음도 마찬가지이다. 나의 통제권을 상대에게 줘버리면 나는 불안하면서 결국엔 상대에게 의존할 수밖에 없다.

전전두엽을 이용해보자. 전전두엽은 앞서 말한 바와 같이 새로운 계획을 세울 때 사용할 수 있다. 어떤 신중한 결정을 했을 때 그것을 발전시킬 새로운 방향을 정해야 한다. 우리의 뇌는 새로운 회로를 정해주면 착하게도 그 새로운 회로에 길을 뚫기 시작한다. 얼마나 고마운 존재인가! 그 똑똑하고 고마운 녀석이 우리 모두에게 있다.

나는 우선 내면아이 상처 치유와 전전두엽을 같이 이용해보는 방법을 추천한다. 성인인 나는 '아, 이번 일은 잘될 거야!'라며 무작정 덤벼들었는데 내면아이는 아주 싫어하는 일일 수 있다. 그러면 그 일은 더 진전될 수 없고 어이없는 실패를 맛보게 된다. 뿐만 아니라 실패를 통해 좌절감까지 느낄 수 있다. 그러면 또 다른 도전에 대한 두려움이 생기게 된다. 그 속에서 내면아이는 또 독단적인 선택을 한 당신을 원망하며 분노를 하게 되는 것이다.

의도적으로 좋은 생각을 하도록 노력하는 것만으로도 충분히 긍정적으로 될 수 있다. 우리가 당장 시작할 수 있는 돈 적게 드는 방법부터 습관화를 시키는 것이다. 독서를 하고, 나를 위한 맛있는 음식을 차려 먹고, 깨끗하게 청소한 집을 보며 행복한 마음을 느껴보고, 돈을 많이 벌면 좋겠지만 적게 벌어도 괜찮다고 유하게 생각해보자. 나에겐 무한한 능력이 있고 나의 최선을 다한 나의 삶에 스스로 칭찬을 해주는 것이다.

제인스 아서 레이의 『조화로운 인생』에는 이런 말이 있다.

"우리가 원하는 것을 상상할 때 정신은 부정적인 생각을 처리하지 못한다."

이는 정신은 2가지 생각을 처리하지 못한다는 기쁜 소식인 것이다. 내 안에 긍정적인 생각으로 가득 채우면 나는 긍정 덩어리가 되는 것이다. 세상 한탄하고, 부정적인 말을 하고, 욕을 하는 사람 말고 좀 고리타분해도 긍정적이고 맞는 말 많이 하는 사람을 가까이해야 한다. 돈도 사람을 통해 들어오듯이 행운 역시 사람을 통해 들어온다. 내 생각을 긍정적으로 바꾸고, 만나는 사람 역시 좋은 사람을 만나면 행운은 나에게 아침 햇살처럼 찾아올 것이다. 우주에는 전 세계 사람들이 다 갖고도 충분한 행운이 있다. 그 행운을 잡을 줄 아는 내가 없었던 것뿐이다.

내면아이와 함께 평온한 마음이 되고 내가 나를 사랑하는 그 순간. 내가 목숨을 걸고 부여잡고 있던 내 삶의 전부였던 것들이 사실은 나의 발목을 잡고 있었다는 것을 알게 된다. 그 낡은 관습을 버려도 온전하다는 것을 깨달아야 한다. 오로지 사랑으로 충만한 나는, 나의 존재 자체로 행복하다는 것을 체험해야 하는 순간이 왔다. 사랑으로 축복의 삶을 살 당신을 미리 축하한다.

CHAPTER 4

상처받은
내면아이 치유법

01

나를 일으켜 세워준 하루 10분 음악의 힘

"지극히 어리석은 사람일지라도 다른 사람을 꾸짖는 데는 밝고,
비록 총명한 사람일지라도 자기 자신을 용서하는 데는 어둡다.
너희들은 항상 남을 꾸짖을 때의 마음으로 자신을 꾸짖고,
자기를 용서하는 마음으로 남을 용서한다면
성현의 경지에 이르지 못할 것을 근심할 것이 없다."
– 범충선공이 자식들에게 한 말

우리는 사람을 통해 위로도 받고 상처를 받기도 한다. 좋은 점은 뼈에
새기고, 나쁜 말은 바람처럼 흘려버릴 수 있는 무딘 가슴이면 좋으련만
사실 그게 쉬운 일은 아니다. 독일 학교에서는 아이들에게 '협력하고 존
중하는 관계'에 대해 교육한다. 영국은 2020년 9월부터 '관계 맺기' 수업
을 필수 교과 과정에 도입한다. 초등학교 때부터 이미 친구와의 관계, 가
족관계를 배우며 서로를 이해하고 양보하고 존중하는 법을 배우는 것이
다. 이를 토대로 중학교 고등학교에서는 나와 다른 가정의 존재를 이해
하기 시작하며 건강하고 안전한 관계를 습득한다. 또한, 건강한 성관계

에 대해서도 배운다고 한다.

어릴 때부터 배운 교육을 통해 우리 가족 구성원들의 특성을 인지하고, 친구의 가정환경과 우리 집이 꼭 똑같지 않다는 걸 알게 된다. 그 다름이 꼭 틀렸다는 뜻은 아님을 인지하게 된다. 이런 경험과 호기심과 이해 속에서 자연스럽고 건강한 관계로 성장할 수 있다. 이는 교육률이 높은 우리나라에서 너무나 필요한 과정인 것 같다. 세계 흡연율 1위, 세계 음주량 1위. 대한민국! 부끄러운 순위이기도 하지만 한편으론 그만큼 행복지수가 낮다는 뜻이기도 하다. 불우한 혹은 불행한 유년 시절이 치유되는 방법을 누구도 가르쳐주는 이가 없었다. 어린 시절부터 내면아이 상처 치유법을 하며 자랐다면 스스로 행복 만족도가 높지 않았을까?

하지만 우리에겐 과거를 탓할 시간이 없다. 독일이나 영국처럼 어린 시절부터 그런 교육 시스템이 있었다면 좋았겠지만 우린 그런 나라에서 태어나지 않았다. 누구와 비교한다고 해서 득이 될 건 없다. 우린 지금, 이 순간, 이 시점에서 할 방법을 배우면 된다. 나에게 독화살을 쏘고, 쓰레기를 쏟는 사람들을 바꿀 순 없다. 하지만 그에 대한 나의 반응은 바꿀 수 있다. 사람들은 어떤 사람과의 다툼이 있고 상대가 나에게 상처를 주면 그 사람을 비난할, 내 얘기를 잘 들어주는 사람을 찾게 된다. 영문도 모르는 사람은 그 쓰레기 더미를 맞게 된다. 자기 마음에 맞지 않게 맞장구를 쳐주지 않으면 애매한 사람에게 화를 내기도 한다. 이런 반복되는 악순환 속에 관계 맺기가 점점 어려워지는 것이다.

화를 잘 내거나 쓰레기를 쏟아 놓는 사람들에게는 신기할 만큼 공통된 특징이 있다.

첫 번째, 타인이 생각하는 것보다 본인 자신을 너무 과대평가한다는 것이다. 나 자신에게 자신감을 느낀다는 것은 분명한 장점이지만 그게 너무 과한 나머지 타인에게 강요하는 것은 이기적인 일이다. 게다가 타인보다 힘이 세거나 목소리가 크다는 이유로 상대를 억압하는 것은 폭력과도 같은 일이다.

두 번째, 상대에게 너무 큰 기대를 하는 경우이다. 이런 경우는 떡 줄 놈 생각지도 않은데 김칫국을 마시고 있는 경우이다. '내가 이 정도 해줬으니 상대도 이 정도는 하겠지.'라는 마음이 깔려 있다. 이에 충족되지 않으면 화를 내는 것이다.

세 번째, 치유되지 않은 내면아이의 상처를 자극받았을 때나 콤플렉스가 건드려졌을 때이다. 이때 방어기제가 발동되어 화를 내는 것이다. 내면아이 상처 치유가 되지 않았을 때 화의 표출 방법은 굉장히 위험하다.

나의 감정과 욕구가 무엇인지 제대로 알지 못한 채 무지한 불특정 다수에게 상처를 주기 때문이다. 감정의 주체는 언제나 '나'이다. 그러나 이들은 상대가 먼저 이런 상황을 제공했다며 자신을 정당화시킨다.

참 안타까운 일은 이런 불같은 화를 지닌 사람들도 사실은 피해자라는 사실이다. 이들의 공통점은 어린 시절 양육자의 감정 쓰레기통으로 자랐을 가능성이 아주 크다. 이렇게 감정 쓰레기통을 역할을 당하면서 정서적 학대를 당했다. 성인이 되어서 작은 비판에도 격하게 반응하며 예민하게 반응하는 것이다. 그리고 양육자의 감정 표출 방식 그대로 타인에게 행동한다. 분노로 타인을 지배하려 들기까지 한다. 그러면서 결국 지인들은 그를 피하게 된다. 이렇게 내면아이 상처 치유가 덜 된 상황에서는 인간관계조차 제대로 할 수 없게 만든다.

얼마 전 한 지인과 가게 이야기를 나눈 적이 있다. 최근 전 세계적으로 코로나로 인한 피해는 엄청나다. 자영업자들의 경제적 피해는 물론이고 자존감까지 떨어진 사람들을 어렵지 않게 만나 볼 수 있다. 나 역시 자영업을 하는 처지에서 피해를 안 입을 수가 없다. 지인은 나를 걱정하는 듯 괜찮냐고 물었다. 나는 그 정도는 아니어서 감사할 뿐이라고 대답했다. 하지만 자살하는 사람들 마음도 이해가 된다고 말했다. 그런데 지인이 불같이 화를 냈다. 어찌나 화를 내던지 나는 당황할 수밖에 없었다. 무엇 때문에 이렇게 화를 내는지 앞에서 한 대화를 곰곰이 생각해보았다. 바로 '자살'이란 단어 때문에 불같이 화를 내고 있었다.

나는 상대의 이야기를 계속 들었다. 그분은 '자살'이란 단어에 꽂혀 두서없는 이야기를 반복하면서 화를 냈다. 주변 손님들의 시선은 당연히 우리 쪽을 향할 수밖에 없었다. 5분 이상의 화를 받아준 후 나는 조용히 물었다. "혹시 주변에 자살한 분이 있나요?" 그분을 비난하는 게 아닌 공감을 하고 싶어서였다. 그분은 잠시 시선을 바닥을 향하더니 다시 큰소리로 공격을 시작했다. 그분의 말로는 자살하는 사람은 책임감이 없고, 제일 쓰레기라는 것이었다. 나는 잠시 그분을 혼자 두고 밖에서 3분 정도 바람을 쐬었다. 그리고 들어가서 그분께 정중히 나가자고 했다.

심리학자들은 3분을 강조한다. 너무 화가 날 땐 최소 3분 이상 그 공간에서 떨어져 있기를 권한다. 화를 가라앉히고 나의 마음에 집중을 해보는 시간이다. 그분은 '자살'의 나쁜 기억 때문에 그런 건지 어떤 건지 설명은 하지 않았다. 이성을 잃고 나에게 인신공격까지 했다. 나는 더는 앉아 있을 수가 없었다. 대화의 중심을 찾지 못하고 화만 내는 사람과 대화를 이어갈 방법은 없다. 자꾸 화를 내는 사람에게는 차분한 말투와 이성적으로 대하는 게 최선책이다. 하지만 그분은 대화 자체가 안 되는 상황이었다.

애인과 다툼이나 부부싸움도 마찬가지이다. 둘의 다툼 후 한 사람이 자리를 피한다고 쫓아다니면서 싸움을 계속 이어가는 것은 좋은 방법이 아니다. 30분이 됐든 한 시간이 됐든 서로의 시간을 갖는 것은 매우 중요하다. 내면아이 상처 치유가 안 된 채로 싸움이 일어났을 가능성이 크다. 싸울 땐 우리 내면아이들끼리 싸운 것이지만 이 잠시의 휴식기를 가지면서 '이렇게까지 화내려고 했던 게 아닌데….'라고 느낄 때가 있을 것이다. 그런 휴식 시간을 갖고 이성적으로 돌아왔을 때 다시 어른으로서의 대화가 되는 것이다.

이날 나는 혼자 노래방엘 갔다. 산책이나 집에 일찍 들어가 독서를 하는 방법도 좋은 방법이다. 하지만 이날 나는 노래방을 치유의 방법으로 선택했다. 예전에 좋아했던 추억의 노래도 부르고 좋아했던 가수의 노래를 부르기도 했다. 김완선, 이지연, 강수지, 하수빈, 장윤정, 이정현, 이수영, 하현우, 변진섭, 서태지, 룰라, 핑클, 아이유 노래에 이르기까지 주옥같은 추억의 노래를 3시간 동안 불렀다. 다음 날이 쉬는 날이어서 시간에 구애 없이 하고 싶은 노래를 하니 마음이 가뿐해졌다. 음악은 이처럼 우리 일상생활에서 쉽게 접할 수 있는 좋은 치유 방법이다.

음악 치유는 산책할 때, 집안일을 할 때, 약속이 있어 이동하는 시간 등 언제 어디서나 접할 수 있다. 접근 방법은 쉽지만 강력한 효과를 발휘한다. 10분이면 3곡 정도의 시간에 해당한다. 지인들과 노래방이나 라이브 카페를 가서 대화하고 노래 몇 곡을 하면 된다. 어떤 문제에 대한 답을 줄 순 없지만, 내 마음의 치유는 충분히 할 수 있는 귀한 시간이 될 수 있다. 혼자 음악으로 마음을 치유할 때 나는 자신이 정말 좋아하는 노래 한 곡을 연속해서 듣는 방법을 추천한다. 실제로 내가 잘 쓰는 방법이다. 하루 10분 한 곡을 3번 정도 반복해서 들어보자.

한 번 들을 땐 내 관점에서 생각하게 된다. 또 한 번 들을 땐 상대방의 입장이 되어본다. 그리고 마지막 한 번은 지금 이 상황에 대해 냉정하게 돌아본다. 그러면 어느 정도 문제의 해결점도 보이고 어떻게 화해해야 하는지 방법이 생각이 난다. 이렇게 우리는 인간관계의 끊임없는 갈등 속에서 나의 자존심도 지키고 상대를 존중하는 '경계'를 배움으로써 성숙한 어른이 되어가는 법을 터득하게 된다. 하루 10분 음악의 힘으로 내면 아이를 알아봐주고 치유함으로써, 내면의 성숙이 이루어진다. 평온한 마음이 들면서 행복한 일도 스스로 찾게 된다. 꿈은 나의 행복한 마음에서부터 시작한다는 걸 느끼는 아주 소중한 시간이 될 것이다.

드림 킬러로부터 내면아이 지켜주기

"학문을 좋아하는 사람과 동행하면 안개 속을 가는 것과 같아서,
비록 옷은 젖지 않지만, 종종 물기가 옷에 스며들고,
무지한 사람과 동행하면 마치 뒷간에 앉은 것과 같아서
비록 옷은 더럽혀지지 않지만, 종종 옷에서 악취가 나느니라."
– 『명심보감』 「교우」 편

내면아이 상처 치유를 통해 우리는 자기 자신을 재양육하게 된다. 그로 인해 타인에게선 절대 얻을 수 없었던 사랑을 느끼게 되고 베풀게 된다. 내면아이와 내적 유대감이 더욱 탄탄해진다. 충만해지고 평화와 기쁨을 느끼게 된다. 이 온전함에 이르면 타인에게 사랑받기 위해 노력할 필요도 없다는 걸 알게 된다. 내 마음에 평온한 마음이 충만하기 시작하면서 삶에 대한 열정이 불타오른다. 이즈음 나의 새로운 꿈을 만들 용기도 생기게 된다. 그래서 나의 꿈을 향한 걸음으로 어떤 분야에 관해 관심을 두고 공부하기에 이른다. 신이 난다. 재미난다. 그런데 이즈음 나를

막는 에너지가 나타난다. 이를 '드림 킬러'라고 부를 수 있다.

김도사님 저서 『150억 부자의 부의 추월차선』에서는 '겉모습만 번지르르했지 실속이 없거나 부정적인 말로 다른 사람의 꿈을 방해하거나 상처를 주는 사람'을 '드림 킬러'라고 정의해놓았다. 사실 드림 킬러는 가끔 한 번 보는 친구나 친척보다는 늘 만나는 가까운 사람일 때가 많다. 수많은 도서에서도 '가족이 드림 킬러가 될 수 있다'고 설명한다. 어린 시절부터 친구였거나 가족이란 이유로 "내가 너를 알아서 하는 소린데…." 하면서 나의 꿈이나 진로에 훼방을 놓는다. 잘 들어보면 그들의 말들이 설득력이 있기에 착한 당신은 지인의 말이 맞는 것도 같아 금세 꿈을 등지는 실수를 범하게 된다.

행복한 나로 살기 위해서는 무엇보다 중요한 건, 이런 드림 킬러들을 알아보고 차단할 수 있어야 한다는 점이다. 대부분 드림 킬러가 가까운 지인들이지만 드림 킬러라는 사실을 인지하지 못하는 경우가 많다. 스테판 클레르제가 쓴 『기운 빼앗는 사람, 내 인생에서 빼버리세요』란 책에 드림 킬러의 5가지 특징을 설명했다.

"누군가에게 기를 빨리고 있는 것이 맞는지 알고 싶은가? 그 사람 옆에 있으면 기분이 어떤지, 그 사람과 어울리고 난 후, 곧바로 기분이 어떤지 생각해보는 것이 제일 좋은 방법이다. 일반적으로 우리의 기분은 그날그날에 따라 달라진다. 하지만 멘탈 뱀파이어와 함께 있으면 정신적으로든, 감정적으로든 행복하거나 힘이 나거나 충만한 기분이 거의 들지 않는다. 그보다는 피곤하고 우울하고 의기소침하고 긴장되고 혼란스럽고 불안하고 탈진된 기분, 나아가 힘이 쫙 빠지는 기분이 든다."

감수성이 예민하고, 타인의 말에 공감도 잘해주고 연민도 깊은 사람들. 남을 돕는 걸 좋아하고 누군가와의 이별을 두려워하는 매사에 호의적인 사람들. 이런 사람들이 가족이나 지인의 충고를 거스르는 건 쉬운 일이 아니다. 그들이 해본 적 없는 일을 내가 한다고 할 때 그들은 걱정이란 말로 포장하고 반대를 하고 나선다. 그들 역시 주변에 온전한 사랑으로 충만한 일을 본 적이 없기에 반대를 한다. 드림 킬러에게 휘둘리지 않으려면 나의 마음 근육이 튼튼해져야 한다. 그들의 베푸는 것이 호의인지 진로 방해하는 일인지 알아보는 눈을 키워야 한다. 나보다 앞선 사람들의 비결을 배우면서 마음 근육을 단련해야 한다.

몹시도 추운 어느 겨울날, 고슴도치들이 얼어 죽지 않으려 부둥켜안고 있다. 서로의 체온 덕분에 춥지 않다. 하지만 온몸에 난 가시들이 서로를 찌르니 너무나 아프고 고통스럽다. 그래서 다시 떨어진다. 고슴도치는 서로의 체온이 그리워 부둥켜안다가 서로가 주는 가시의 고통 때문에 다시 떨어지기를 반복한다..

쇼펜하우어가 쓴 우화 「고슴도치 이야기」에 나오는 내용이다. 실제 고슴도치들은 가시가 없는 머리를 맞대고 잠을 잔다. 서로 고통을 주지 않으며 더불어 사는 방법을 스스로 터득한 방법이다. 슬프기는 하지만 현명하다는 생각이 든다. 고슴도치들은 최소한의 거리를 두는 것이 가장 현명한 방법이라는 것을 알게 된 것이다. 그 작은 아이들조차 주어진 환경 속에서 최고의 삶의 방법을 알아낸다. 얼마나 수없이 찔리고 많은 실패를 통해 터득하게 됐을까! 우리의 관계에서도 적당한 거리는 필요하다. 끊을 수 없는 사이라면 적당한 거리를 두면 오히려 잘 지낼 수가 있다.

아무리 가까운 사이라 해도 나의 꿈을 짓밟거나, 수시로 내 감정에 상처를 주는 사람은 멀리 있지 않다. 내 가족이나 친구, 직장동료인 경우가 많다. 수십 년을 함께한 이들을 쳐내는 일은 쉬운 일이 아니다. 관계 속에서 상처를 받고 실망도 하지만 소외될까 봐, 혼자가 될까 봐 두려워 참아 넘기는 경우가 대부분이다. 자주 다투는 사람들은 이런 말을 자주 한다.

"우린 맨날 똑같은 이유로 싸워. 지긋지긋해."

이 얼마나 슬픈 일인가! 매번 답도 없는 같은 일로 싸우며 쓸데없는 에너지를 손실하는 것이다. 슬픈 건 그 사람을 잃는 일이 아니라, 내 가슴이 썩어간다는 사실임을 인지해야 한다.

30대 후반의 한 여성이 있었다. 그녀는 신혼 때 무리하게 대출을 받아 아파트를 샀다. 맞벌이하기는 했지만, 생활비에 대출금을 갚으면 매달 빠듯하다. 그녀의 남편에게는 누나가 한 분이 계셨다. 출가외인이긴 했지만 딸 없는 집안에 첫딸로 태어나 어린 시절부터 시어머니 사랑을 독차지하며 자랐다고 한다. 그 시누이는 결혼해서 연달아 딸을 셋이나 낳았다. 귀한 자신의 자녀들에게 최고의 학원을 보냈다. 끼가 남다르다며 연예인을 시키겠다고 배우 양성 학원, 피아노 학원, 발레 학원을 보내는가 하면 건강을 위해 모든 음식을 유기농으로 사들였다. 시누이 남편 혼자 외벌이를 하는데 5식구가 생활하기에 늘 부족한 생활을 하고 있었다.

그래서 시어머니한테 매달 용돈을 타 쓰는가 하면 생활비를 충당하기 위해 대출도 마다하지 않았다. 급기야 그녀에게 한 통의 전화가 걸려왔다. 시누이였다.

"올케, 난데. 내 동생한텐 말하지 말고 나 대출 좀 해주라."

"형님, 저는 대출 같은 거 무서워서 못 해요. 아파트 대출금도 빠듯하게 갚고 있어요."

"뭘 그렇게 빡빡하게 나와. 둘이 벌고 애도 없는데 돈 들어갈 데도 없잖아. 나는 애가 셋이야. 애 셋 키우는 게 쉬운 일인 줄 알아? 아파트 담보로 해서 대출 좀 해줘. 우린 더는 받을 수 있는 대출이 없어. 올케 신용도 좋잖아. 다달이 갚아줄게."

그녀는 이해할 수가 없었다. 대출을 갚고 있는 아파트를 담보 잡아 대출해서 돈을 빌려달라니…. 남편에게 얘기했지만, 워낙 어린 시절부터 누나 위주의 환경이라 이미 내주는 데 익숙한 신랑은 대출을 알아보라고 했다. 결국, 시어머니를 비롯해 모든 식구가 이 사실을 알게 되었고, 시누이는 비밀을 안 지켰다는 이유로 그녀에게 시집살이를 시키기 시작했다. 주말마다 애 셋과 시어머니가 와서 자고 가기를 반복했다. 시누이는 명절에 시댁엘 가도 바로 올라왔다. 자기 엄마 집이 아닌 남동생 집에 와서 밥을 달라고 했다. 갖고 갈 밑반찬을 만들어놓으라 하는가 하면 본인의 아이 이유식까지 만들라고 했다.

신혼이었던 그녀는 아이가 없었기 때문에 아이 음식에 대해선 아는 게 없었다. 잘하는 것에 대해선 칭찬 한마디 못 듣고, 이유식을 못 만든 것에 대해 친정에서 배운 게 없다며 질타까지 받아야 했다. 한번은 남편과 상의 후 네일아트 자격증을 취득해 조그만 가게를 운영하기로 했다. 워낙 꾸미는 데 소질이 있던 그녀는 자신의 재능을 살려 돈을 벌고 싶었다.

그 사실을 안 시누이는 우리 빌려줄 돈은 없고 그딴 학원 다닐 돈은 있냐며 매일같이 전화해서 화를 내는 바람에 그녀는 결국 학원 다니는 걸 포기할 수밖에 없었다.

반복되는 시댁의 방문과 시집살이를 못 이기고 결국 그녀는 이혼을 선택했다. 이 이야기는 우리 엄마 세대의 일이 아니다. 2021년 최근에 벌어진 상황이다. 이혼이라는 슬픈 결말은 안타깝지만, 그녀로선 자신의 결혼생활과 꿈까지 시댁의 감시와 허락을 받으며 살 수 없다는 결론을 내린 것이다. 지금 그녀는 인천에서 꽤 큰 미용실을 오픈해서 직원이 5명이나 되는 가게의 사장이 되었다. 타인의 기준에 갇힌 자신을 해방시킴으로 제2의 멋진 삶을 살 수 있었다.

타인과의 관계가 왜곡되고 결함이 있는 경우에 그 왜곡점을 찾아야 한다. 더는 진행될 수 없을 만큼 억지 상황이라면 타인이 아니라 내가 우선권을 획득해야 한다. 드림 킬러를 알아볼 줄 아는 눈과 지혜를 키우고 차단해야 한다. 그렇게 나와 나의 내면아이를 안전지대에 놓아야 한다. 행복하고자 한다면 드림 킬러를 단호히 잘라내야 한다. 나의 가치를 제대로 인정해주고 응원해주는 사람들과 함께해야 한다. 그러면 더 나은 미래로 살아갈 자신감과 용기가 생겨난다. 잘못된 관계에서 벗어나는 일은 나의 내면아이를 단단하게 지켜낸 용감한 선택이 될 것이다.

03

내면아이와의 대화법

"자신의 내면아이를 다루는 방식이 인생의 나머지 모든 것을 결정한다.
애정 없이 내면아이를 다룬다면 물질 중독이나 과정 중독에 빠지게 되고
두려움, 불안, 우울, 고통, 사용함, 결핍, 낮은 자존감,
참을 수 없는 외로움, 나아가 신체와 정신의 병까지 생긴다."
– 마거릿 폴

우리 사회의 모든 문제는 나와 내면아이가 분리된 데서 비롯된다. 나에 대한 애정 없이 잘못된 이 모습은 한 세대에서 다음 세대로 이어지는 내적 분리의 결과물이다. 쉽게 말해 나의 잘못된 행동, 말, 생각까지 모두 자녀에게 이어진다는 뜻이다. 아이들은 어른들의 말이 아닌 행동으로 모든 걸 습득한다. 자녀가 있는 부모들은 이런 말을 한다.

"나는 저런 적 없는데 쟤가 왜 저렇게 행동할까!"

혹은 엄마로부터 "너는 어쩜 그렇게 아빠랑 똑같니?"라는 말을 들어본 적이 있는가? 아빠의 유전자를 이어받아서가 아니라, 행동으로 배움을 터득한 결과이다.

자신조차도 단점이라 여기는 점을 당신의 아이가 그대로 습득한다면? 당신의 배우자의 어떤 끔찍이도 싫은 행동을 아이가 그대로 따라 한다면? 그 자체로도 끔찍하지만 더 가슴 철렁한 일은 그 자녀가 결혼해서 자신의 아이에게도 똑같이 행동한다는 것이다. 결국, 답은 내가 성장해야 한다는 뜻이다. 나의 내면아이 상처를 치유해주고, 연합을 이룸으로써 우리가 태초에 태어난 목적인 오로지 축복받은 존재로 완전한 기쁨을 느껴보자. 그리하여 더 높은 의식으로 나의 목적을 이루고 나와 격정적인 사랑에 빠지는 것이다. 마음 깊이 우러러 나오는 기쁨을 느껴야 한다. 이것이 충만할 때 비로소 타인에게 온전한 사랑을 베풀 수 있다.

그렇다면 내면아이와 어떻게 연결해야 하는 걸까?

첫째, 가장 기초적인 단계로 글을 쓰는 일이다.

자신의 감정에 주의를 기울이고자 하는 목적이다. 말은 때때로 의도치 않게 나와서 실수를 범해 관계가 틀어지는 일이 많다. 글은 자신이 진정 원하는 것이 무엇인지 직접 써봄으로 인지할 수 있다. 일기 형식이어도 좋다. 처음이어서 어색한 분들은 아침 일기나, 감사 일기를 권한다. 나는 실제 2가지를 병행한다. 밤에 쓰는 일기는 부정적인 생각이 많이 떠오르고 낮에 겪었던 스트레스 메모, 반성문에 가까워진다. 하지만 아침에 쓰는 일기는 활기차고 뭔가 이루고 싶은 열정이 담겨있다. 그날 해야 할 일들을 3가지 적고 그 일을 했을 때 느껴질 나의 행복과 성취감을 함께 떠올리며 적어보는 것이다. 일종의 보물 지도와 같은 효과이다.

그리고 감사 일기를 쓰는 것이다. 하루 3가지씩 내가 감사한 일들을 적어보는 것이다. 이 과정은 실제로 상당히 긍정적인 효과가 있다. 매일 먹는 밥, 매일 보는 반려견, 한잔의 커피, 산책했을 때 느꼈던 기분, 부모님이 건강하신 것에 대한 감사 등 우리 주변에는 감사할 일이 많다. 이 감사할 일들을 찾고 감사함을 느끼면 더 큰 감사할 일들이 눈사태처럼 쏟아지는 것을 경험하게 될 것이다. 꼭 감사해서 감사함을 말하는 게 아니다. 감사할 일이 없어도 습관처럼 '감사합니다.'라고 늘 말해보자. 하나의 감사는 또 다른 감사를 낳는다. 감사 일기나 아침 일기를 쓰는 것만으로도 행복 호르몬인 옥시토신이 행복의 질을 높일 수 있다.

둘째, 산책하는 일이다.

산책은 명상이나, 운동 개념으로도 널리 알려진 여러 전문가도 추천하는 최고의 치유법이다. 첫 번째인 글쓰기로 나의 감정을 정리했다면, 그 다음은 산책으로 나의 몸과 연결하는 작업을 해주는 것이다. 하루 20분

이상 걷기 운동을 하면 대뇌에서 나오는 세로토닌이라는 행복 호르몬이 나온다. 세로토닌은 햇빛을 받거나, 사랑하는 사람을 만날 때, 맛있는 음식을 먹을 때, 명상할 때 분비된다. 운동할 때 우리의 뇌는 활발히 움직이게 된다. 현대인에게 가장 치명적인 스트레스. 스트레스 호르몬인 코르티솔은 몸에 한번 축적되면 몸 밖으로 잘 배출되지 않는다. 하지만 운동은 이 코르티솔을 분비하는 데 아주 탁월한 효과를 준다. 산책은 걸으면서 자연과도 소통하고 내면아이와 소통하는 탁월한 방법이다.

셋째, 내면아이와 대화하기.

글쓰기와 산책으로 내면아이와 어느 정도 융합이 이루어졌다. 그다음이 아이의 감정을 알아봐주는 것이다. 그때의 기분이 어땠는지, 그 사람을 만나고 와서 내가 왜 분노를 했는지 왜 울었는지 대화를 해야 한다. 함께 사는 가족과도 대화가 단절되면 멀어지듯이 우리 내면아이의 감정도 알아봐주지 않으면 멀어지게 된다. 내면 대화를 사랑이 넘치는 방향으로 매일매일 연습해야 한다. 어떤 상황이 종결되었을 때, 그때 이렇게 말해야 했는데, 이렇게 행동해야 했는데, 라고 느낀 적이 얼마나 많은가? 이는 사랑하는 내면아이에게 주의를 기울이지 못한 결과이다. 내면아이와 어느 정도 소통이 이루어지는 사람이라면 느끼게 된다.

내면아이가 기분이 상했을 때 즉각적인 반응으로 표출한다. 위경련이나 통증, 다리나 어깨의 신체에 불편함을 알아차리는 일과 같다. 조금만 내면아이에게 귀를 기울이면 그 아이의 불편함을 느낄 수 있게 된다. 기분이 상한 내면아이는 이렇게 말하고 있을지도 모른다. '이 사람 나에게 거짓말을 하고 있어. 난 느낄 수 있어.' '이 사람이 나를 조정하려 하고 있어. 기분이 좋지 않아. 더는 있고 싶지 않아.' 온전히 열린 마음으로 사랑하는 내면아이에게 대화를 시도한다. 나의 내면아이는 다른 누구의 음성이 아닌 나의 음성을 제일 좋아한다.

"기분이 어때? 울어도 괜찮아. 내가 여기 있잖아." "네가 화났다는 알아. 왜 화가 났는지 네 이야기를 듣고 싶어." "네가 왜 ○○을 싫어하는지 알고 싶어." "무엇 때문에 그런 기분이 들었니?" "지금 뭔가 우리가 겪었던 옛날 일을 떠오르게 한 거지?" "네가 잊을 수 없는 옛날 일들을 알고 싶어. 너는 나에게 무척 소중하거든." "너를 위해 난 늘 여기 있어. 절대로 사라지지 않아." "넌 참 영리해. 놀라운 지혜를 가졌어." "화내도 괜찮아. 그게 설령 나에게 화를 내는 거라도 난 여전히 널 사랑해." "실수해도 괜찮아. 그래도 넌 사랑받을 충분한 존재야."

내면 대화 과정은 평소 자신이 뭘 원하는지 깨닫는 데 도움을 준다. 내면아이가 말을 하면 자신은 적극적인 어른이 되어 잘 들어주어야 한다. 좀 더 친밀감을 위해 또 다른 질문을 하는 것도 좋다. 내면아이와 다른 의견이 나올 때는 서로의 욕구를 함께 충족할 방법을 찾는다. 애정 어린 말을 해주고 공감을 해주어야 한다. 내면아이와의 대화에서 가장 중요한 것은, 내가 진심으로 사랑한다는 걸 알려주는 일이다. 그래서 알고 싶고 배우고 싶고 개선함으로써 더 좋은 관계를 맺고 싶다는 진심의 마음이 느껴져야 하는 것이다. 만약 거짓말을 하고 있다면 기껏 호의적이었던 내면아이가 영원히 등을 돌릴 수도 있다.

얼마 전 나는 나의 내면아이가 산책을 얼마나 좋아하는지 실감하는 일이 있었다. 며칠 동안 라이브 카페 일과, 글쓰기, 유튜브 찍기, 강연 수업 등으로 체력이 저하되는 걸 느꼈다. 급기야 감기에 걸리고 말았다. 몸살 감기로 움직일 때마다 몸이 아픈 탓에, 운동을 2주가량 하지 못했다. 그리고 감기가 나은 후 다시 산책을 나갔다. 그 사이 가을이 오고 은행잎과 단풍잎이 절정에 달했다. 이날은 운동에 중점을 두지 않고 자연을 느끼는 일에 중점을 두었다. 하늘과 바람 구름을 보며 행복감이 밀려왔다. 예쁘게 옷을 갈아입은 낙엽을 보면서 사진도 찍고 단풍잎을 만져보기도 했다. 30분 정도 걸었을까? 갑자기 나의 두 눈에 눈물이 흐르기 시작했다.

처음엔 나도 몹시 당황스러웠다. 하지만 천천히 이 감정이 뭘까 생각해보았다. 그리고 나의 내면아이에게 물어보았다. '아가, 행복하니?' 그랬더니 또다시 눈물이 흘렀다. '그렇게 좋아?' 내면아이가 대답했다. '응,

너무너무 좋아요.' '알았어. 앞으론 빠지지 말고 운동하자.' 나는 이 행복감을 충만히 느끼기 위해 흐르는 눈물을 그대로 두었다. 그렇게 10분가량 벤치에 앉아 내면아이와 대화를 하며 행복을 느끼는 시간을 충분히 가졌다. 그렇게 행복한 나는 집으로 돌아오는 길에 어린아이처럼 팔짝팔짝 뛰면서 올 뻔했다.

심리학자 칼 로저스는 '따뜻함, 수용, 돌봄, 무조건적인 존중'이 심리치료의 필요 요소라고 말한다. 나의 감정을 글로 써보고, 산책하면서 몸과 정서의 근육을 단련해보자. 내면아이의 감정을 존중하고 배려할 때 아이의 마음의 문이 열린다. 이 감정의 소통이 이루어진 후 말이 통하게 된다. 내면아이와 대화를 통해서 '~을 해야 한다.'라는 의무보다는 좀 더 자신의 필요 욕구가 이끄는 값진 삶을 살게 될 것이다. 외로움을 느끼지 않으려 의무감과 잘못된 신념에 매달려 살다가 망가진 많은 사람이 있다. 이들은 다행히 현명하게 내면아이 상처를 통해 진정한 삶을 찾았다. 이제는 당신의 차례다.

04

나 자신과 내면아이에게 초점을 맞추면
기적이 일상이 된다

"말과 상상력이 싸우면 반드시 상상력이 이긴다.
만약 말과 상상력이 손을 잡으면,
그 힘은 단순히 합쳐지는 것이 아니라 상승 효과를 일으킨다."
– 에밀 쿠에

"말과 상상력이 싸우면 반드시 상상력이 이긴다."

나는 이 말을 무척 좋아한다. 내가 이루고자 하는 목표와 되고 싶은 모습을 보물 지도에 써 붙인다. 하나씩 이루어지는 작은 성공이 반복되면서 이 말을 더 실감하게 됐다. 내면아이 존재를 인지하고 수시로 대화를 한다. 어떤 일을 할 때마다 행복한 일을 선택하는 일이 이젠 일상이 되어 못할 것이 없다는 확신이 들게 되었다. 나는 이 말을 '나와 내면아이와 손을 잡으면 기적은 일상이 된다.'고 장담하게 되었다. 나와 내면아이가 좋아하는 일을 선택하면 내 꿈은 현실이 된다. 다음 3가지의 융합(내면아이, 확고한 꿈, 꾸준한 실행력)이라면 세상 어떤 것도 이루지 못할 것이 없다.

1) 계속해서 내면아이와 대화를 한다.
   "어때? 좋아? 이 일을 하면 행복할까?"
   내면아이는 나의 목소리를 가장 좋아한다.
2) 계속해서 확고한 꿈을 생각한다.
   되고 싶은 나를 계속 상상하고 보물 지도를 자주 바라보며
   이미 이루어진 것처럼 생활한다.
3) 계속해서 행동한다.
   실천하지 않으면 아무 일도 일어나지 않는다.
   내 꿈을 향해 꾸준히 쉬지 않고 노력한다.

내면아이와 끊임없이 소통하고 매 순간 최고의 선택을 해야 한다. 우리 학창 시절 책상 위에 문구 하나씩 써 붙인 기억이 있을 것이다. '하면 된다.' '최고보다 최선을.' '오늘보다 내일을.' 소녀 시절 나의 책상 위에 붙였던 문구들이었다. 그리고 내가 좋아하는 연예인의 사진, 엽서들을 붙여 놓았다. 김완선, 이지연, 강수지, 하수빈, 서태지와 아이들. 우리 큰오빠는 내 방만 들어오면 무당집 같다며 놀려 대곤 했다. 지금의 나라면 포

괄적인 표현보단 구체적으로 썼을 것이다. "나는 OO대학교 문예창작과에 입학했다. '나는 작가가 되었다.' '나는 가요톱10(그때 당시 인기 음악 프로그램)에서 노래하고 있다'라는 식으로 구체적으로.

지금 나의 보물 지도에는 『타이탄의 도구들』의 저자 팀 페리스 사진에 내 얼굴만 오려 붙여놓았다. 유명 유튜버들과 함께 방송하는 사진과 2번째 저서의 출판 날짜까지 구체적으로 적어놓았다. 내가 상상하는 멋진 펜션 라이브 카페 사진도 붙어 있다. 그중에 작가가 되는 꿈은 이루었다. 그리고 두 번째 책을 쓰고 있다. 유튜버들과 방송하는 꿈도 이루었다. 『100억 부자의 생각 비밀』의 저자 김도사님과 '김도사 TV'에 출현했다. 그리고 『미친 꿈에 도전하라』의 저자 권동희 작가님의 '권마담 TV'에 출현했다. 이렇게 보물 지도에 내가 소원하는 꿈을 써 붙이고 사진도 붙이고 이루어진 것처럼 상상하면 이루어진다는 것을 나는 크고 작은 일들 속에서 끊임없이 느끼고 있다.

양자 세계에서 '사건은 단계적으로 일어나지 않는다'고 물리학자들은 말한다. 즉각적으로 일어난다고 말한다. 하지만 원하는 것을 아직 볼 수 없는 이유는 뭘까? 이유는 간단하다. 당신의 생각이 여전히 직선적인 사고 활동에서 머물러 있기 때문이다. 행동하지 않으면 아무 일도 일어나지 않는다. 내가 꿈꾸는 일이 있다면 그것에 정신을 집중하고 그것을 위한 꾸준한 행동이 있어야 한다. 그랬을 때만 내가 원하는 일이 눈앞에 펼쳐지는 것이다.

내가 고기가 먹고 싶으면 고기를 파는 식당을 찾아봐야 한다. 고기를 간절히 먹고자 하는데 분식집을 서성이진 않을 것이다. 가고자 하는 고깃집을 선택했으면 내가 원하는 고기를 선택하면 된다. 그러면 내가 먹고자 하는 고기가 눈앞에 펼쳐진다. 나의 꿈도 마찬가지이다. 고기가 먹고 싶은지 회가 먹고 싶은지 구체적으로 메뉴를 정하는 게 제일 중요하다. 꿈이 정해지면 그 꿈을 이룰 수 있는 행동을 계속해야 한다. 조금씩 걸었을 뿐인데 그 꿈이 어느새 눈앞에 펼쳐질 것이다.

내가 아는 30대 후반의 동생이 있다. 그 동생은 술을 무척 좋아한다. 좀 놀았던 그 동생은 10대 후반부터 술을 마시기 시작해 하루도 빠짐없이 술을 마셨다고 한다. 그렇게 30대 후반이 되었는데 어느 순간 눈에 띄게 몸이 안 좋아졌다. 이윽고 병원에서는 금주령이 떨어졌다. 김치는 물론이고 고깃집의 양념장도 못 먹을 정도로 입이 다 헐어 있었다. 팔이나 목이 가려워 살짝만 긁어도 분홍빛을 띠며 긁은 부위가 금세 부풀어 올랐다. 그 좋아하는 소주를 마실 때조차 혀가 아린다고 했다.

그 상태가 되자 동생은 하루 30분씩 운동을 했다. 몇 주가 지나 몸이 점점 정상으로 돌아오기 시작했다. 정신도 몸도 가벼워졌다며 좋아했다. 그렇게 몇 달을 하더니 덥다는 이유로, 춥다는 이유로, 비가 온다는 이유로 운동을 멈췄다. 결국, 동생은 다시 예전 증상이 나타났다. 이 경우에서 알 수 있듯 무슨 일이든 꾸준히 해야 좋은 결과를 볼 수 있다. 병원에 입원할 것인지, 약물 치료를 할 건지, 운동할 건지 여러 방법 중 그 동생은 운동을 선택했다.

우리의 꿈을 향해 가는 방법도 여러 가지가 있다. 내면아이와 대화 후 가장 좋은 방법을 선택한다. 그리고 꾸준히 매일 한다. 내면아이와 내가 좋아하는 방법을 선택했기에 지루하지 않다. 과정 자체를 기쁘게 할 수 있는 마음의 여유도 생긴다. 하지만 중도에 포기해버리면 아무 의미가 없다.

나는 라이브 카페를 운영하면서 많은 이들과의 대화를 통해 다양한 인생을 접하게 된다. 그중 과거의 영광과 과거의 추억 속에서 빠져 있는 사람들이 많다는 사실에 충격을 받았다. "내가 말이야 옛날엔 이랬던 사람이야." "내가 너 나이 때는 여자 여럿 울리고 다닌 인기남이었어." 이렇게 옛날 속에 빠진 사람 치고 현재에 충실한 사람을 본 적이 없다. 그 잘나가던 옛날엔 지금 본인이 이렇게 지질한 잔소리꾼 어른이 될 거라곤 상상도 못 했을 것이다. 왜냐하면, 과거 속에 심취해 사느라 오늘을 볼 줄 아는 눈이 없기 때문이다.

그런데 아이러니하게도 노래만큼은 과거의 노래로 치유되는 경우가 많다는 걸 느끼게 된다. 요즘 유행하는 노래보다 5년 전 10년 전 20년 전 노래를 불렀을 때, 마치 어깨의 무거운 짐이 스르륵 내려가는 느낌이 든다. 가슴이 뻥 뚫어지는 후련함도 느끼게 된다. 이는 왜 그런 걸까? 바로 나의 내면아이 때문이다. 옛 노래를 부른다는 것은 내가 과거에 머물러 있다는 의미와는 다르다. 그때 당시 내면아이가 좋아했던 느낌을 다시 느끼게 해주는 것이다. 아직 성인이 안 된 내면아이가 어쩌다 어른이 됐다. 이 아이가 사회와 융합하려니 좀 힘든 일이 아니었다. 그런데 그 시절 불렀던 편안함과 안정감이 느껴지면서 기분이 좋아지는 것이다.

치유의 노래도 잘 선택해야 진정한 치유가 된다. 만약 노래하며 화가 난다거나 엉엉 울게 되는 노래가 있더라도 당황해하지 말자. 치유되지 않은 나의 내면아이를 자꾸 건드리는 것이다. 그래도 괜찮다. 이렇게 울음을 토해내는 것 역시 하나의 좋은 치유법이다. 우리는 내가 안전하다고 느껴지는 사람 앞에서 울음을 허락한다. 잘못된 신념 중 하나는 남자는 일생에 딱 3번만 울어야 한다고 교육받은 것이다. 늘 눈치를 보며 참는 법만 배웠다. 나 자신을 온전히 사랑해주는 법을 알지 못한다. 하지만 이제는 울어도 된다. 울어야 풀린다. 울어도 안전하다.

당신의 가슴에 치유받지 못한 상처가 가슴속에 덩그러니 남아 있다.

그런데 울지도 못하게 하니 '화병'이 생기는 것이다. 미국 정신과 의사 협회에서 '화병'을 사전에 등록하면서 한국어 발음 그대로 기재를 했다. Hwa-Byung(화병). 화병에 대한 설명은 '한국인에게 주로 나타나는 분노 증후군'이라고 기재되어 있다. 한국 사람들이 자기감정을 표현하지 못하고 산다는 의미다. 참으로 슬픈 병이다. 영광스럽지 못한 이 병에 걸리지 않기 위해서라도 속 시원히 울어야 한다.

나는 노래로 사람들의 마음을 치유해주는 공간인 라이브 카페를 운영하면서 굉장한 보람이 있다. 들어올 때는 근심과 스트레스로 가득하지만 돌아갈 때면 얼굴에 핑크빛을 띠며 기쁘게 나가는 사람들을 보면 덩달아 행복해진다. 노래로 나와 내면아이가 함께 소통하며 치유되는 과정은 그 어떤 일보다 위대한 일이다. 내면아이와 나의 초점이 하나 될 때 이루지 못할 일이 없다. 어느 순간 어떤 경우라도 즐거운 인생이 된다. 내면아이와 매 순간 소통을 하자. 기적이 일상이 된다.

05

현재 상황에서 최고의 사랑 표현을 해라

"사랑 호르몬은 신체 접촉을 나눌 때,
그리고 표정을 주고받으며 대화를 할 때 분비된다.
신체 접촉을 나누거나 표정을 주고받으며 공감하고 소통할 때
우리 뇌가 행복하다고 느낀다."
— 『관계에도 연습이 필요합니다』, 박상미

우리는 오래된 연인이라는 이유로, 가족이라는 이유로, 혹은 상대가
이미 알 거로 생각해서 사랑의 눈빛이나 말을 생략하는 경우가 많다. 그
래서 여자들이 "이 사람 처음엔 안 그랬는데 변했어."라며 하소연을 한
다. 다른 환경 속에서 자란 사람이, 다른 내면아이를 안고 사는 사람들이
말을 하지 않는다면 알 방법은 없다.

더구나 익숙하단 이유로 사랑의 언어를 생략해버린다면 좋은 호르몬
을 안 주는 것이므로 방치에 속한다. 뇌가 행복해질 기회를 주지 않는 일
이 돼버리는 것이다.

사람은 서로 다 다르다. 싫어하는 것도 좋아하는 것도 다 다르기 마련이다. 우리가 서로를 이해하고 좋아하는 것, 싫어하는 것을 알아내기 위해서는 의사소통이 잘 이루어져야 한다. 서로 대화가 없는 관계는 남보다 더 냉랭한 경우가 많다. 가끔 보는 사이라면 그나마 다행이다. 하지만, 가족이거나 연인 관계라면 서로가 노력해야 한다. 사람에 따라선 신체 접촉을 좋아하는 사람이 있고, 싫어하는 사람이 있다. 말하는 걸 좋아하는 사람이 있을 수 있고 들어주는 걸 좋아하는 사람이 있다. 사람이 북적거리는 공간을 좋아하는 사람이 있는가 하면 조용한 것을 좋아하는 사람이 있다. 이처럼 우리 주변에는 다양한 사람과 다양한 경우가 많다.

인간관계만큼 중요하면서 어려운 일도 없다. 쉽게 얘기해 정답이 없다. 그중 남녀 사이를 얘기하면 세상에 이보다 더 복잡할 수가 없다. 그래서 관계회복점을 찾지 못해 헤어지거나 이혼하는 커플이 있는 것이다. 거듭 말하지만 말하지 않으면 그 누구도 당신의 마음을 알 수 없다. 내가 사랑하는 이와 좋은 관계를 계속 유지하고 싶다면, 나의 감정이나 생각을 진솔하게 상대에게 얘기를 해줘야 한다. 그리고 상대도 마음의 문을 열어 자신의 견해를 진솔하게 설명할 기회를 제공해야 한다. 그렇다면 어떻게 해야 할까? 바로, 잘 들어주는 자세가 가장 필요하다.

어떤 사람을 만나면 상대방은 별 말도 하지 않고 나만 떠들었는데 괜히 속이 후련할 때가 있을 것이다. 그 사람을 잘 떠올려보자. 그 사람은 당신의 눈을 보고, 고개를 끄덕여주고, 때론 손을 잡아주거나 어깨를 두드려줬을 수도 있다. 그 사람이 특별한 해결책을 제시해준 것도 없는데 이상하게 위안이 된다. 기분이 좋아진다. 왜 그랬던 걸까? 그 사람은 당신의 입장이 되어 당신의 마음을 헤아려줬다. 이것이 공감이다. 당신은 이 깊은 공감 속에서 위안을 받고 그 사람을 신뢰하게 되었다.

많은 사람에게 호감을 받는 사람들, 사랑받는 사람들, 사회적으로 성공한 사람들은 대체로 '달변가'가 아니라 '경청가'이다. '경청가'들의 특징은 자신의 말을 줄이고 상대의 말을 잘해준다. 상대방의 아픈 마음을 잘 공감해준다. 말로 억지로 위로하려 들지 않는다. 설득하려 들지 않는다. 상대의 말을 끊지 않고, 눈을 바라보며 고개를 끄덕이며 공감을 해준다. 이는 쉬운 일 같지만 실은 상당히 연습이 필요하다. 상대방의 말을 끊지 않고 끝까지 들어준다는 것은 그 사람을 그만큼 신뢰하고 존중한다는 의미이기 때문이다. 자신을 존중해주는 사람을 싫어하는 사람은 없다.

상대의 말을 잘 들어준다는 것은 상당한 인내심을 요구한다. 내가 하고 싶은 말이 있어도 상대의 말을 끝까지 들어줘야 하기 때문이다. 공감과 이 좋은 감정은 말을 많이 하지 않아도 표정과 눈빛, 몸짓으로 충분히 전달된다. 이렇게 자신에게 공감한 사람은 상대에게 너그러워지며 깊은 신뢰감을 준다. 만약 상대의 감정에 서서 공감의 마음이 도저히 들지 않는다 하더라도 충고나 조언을 해주면 안 된다. 같은 시선으로 바라봐주지 못할 때는 그저 침묵하는 게 좋다. 섣부른 조언은 지금까지의 관계마저 깨트려버릴 수도 있다. 내 말에 공감하지 않는 사람이 해주는 충고를 좋아할 사람은 없다.

어떤 사람과 좋은 관계를 이어가고 싶다면 대화의 70%는 깊은 공감과 들어주는 데 쓰고, 30 %는 질문이나 내 이야기를 하면 된다. 방송인 유재석 씨도 "목소리 톤이 높을수록 뜻은 왜곡된다."라고 말했다. 많은 성공자는 자신의 입은 닫고, 공감하며 들어주라고 말을 한다. 들어주는 일이 그만큼 중요하면서 어려운 일이기 때문이다. 부부 사이나 연인 사이에서의 싸움이나 그 골이 깊어진 경우를 들여다보면 한쪽 목소리가 큰 경우가 많다.

가스라이팅(gas lighting)이란 말이 있다. 지식백과 사전에는 '타인의 심리나 상황을 교묘하게 조작해 그 사람이 스스로 의심하게 만듦으로써 타인에 대한 지배력을 강화하는 행위'라고 쓰여 있다. 가스라이팅은, 〈가스등(Gas Light)〉이라는 연극에서 비롯된 심리학 용어이다.

이 연극에서 남편은 집 안의 가스등을 일부러 어둡게 만들어놓았다.

부인이 집 안이 어두워졌다고 말하면, 그렇지 않다는 식으로 아내를 탓한다. 이에 아내는 점차 자신을 의심하면서 판단력이 흐려지고, 남편에게 의존한다.

실제로 부부 사이나 연인 사이에서 흔하게 발생되는 현상이다. 30대 초반의 한 남성과 30대 후반 여성의 연상연하 커플이 있었다. 이 남성은 어린 시절부터 노는 것과 여자를 좋아하는 남성이었다. 반면 30대 후반의 여자는 이혼의 아픔을 겪은 일 빼고는 순진하고 순박한 여자이다. 여자는 퇴근 후 집으로 돌아가 독서를 하며 자기계발을 하고 집 안 가꾸는 것을 좋아했다. 하지만 남자는 항상 술 약속을 잡았다. 처음엔 여자도 맞춰줬지만, 술이 힘든 그녀는 애인을 믿고 술자리에 따라가지 않았다.

처음엔 여자가 믿어준 만큼 행동했던 애인이 점점 술자리 시간이 길어졌다. 밤늦은 시간에 만취해 애인 집에 가서 술상을 봐오라고 하는 건 그나마 낫다. 술자리에 여자라도 끼면 그날은 연락 두절이 된다. 하지만 여자친구는 의심이 들어도 속 좁은 사람이 될까 봐 연상이라는 자격지심에, 애인의 말을 그저 믿어준다. 가끔 여자가 조금이라도 서운한 내색이라도 비추면 남자는 오히려 큰소리를 치거나 욕도 서슴지 않는다. 심지어는 싸운 날조차 위로는커녕 애인을 내팽개치고 여직원을 불러내 술을 마시기도 한다. 하지만 남자는 여전히 당당하게 그 여자와는 아무 사이 아니라며 여자친구를 안심시킨다.

이 커플은 가스라이팅의 전형적인 모습이라고 볼 수 있다. 실제로 이런 모습은 가정에서 혹은 애인 사이에 어렵지 않게 볼 수 있다. 가스라이팅은 한쪽의 힘이 강해져서 상대를 지배하고 통제한다는 데 문제성이 매우 크다. 또한, 마음에 응어리를 자꾸 쌓게 되는 다른 쪽은 화병이 생긴다는 문제의 심각성을 갖고 있다. 이 30대 여성은 결국 화병이라는 진단을 받았다. 실제로 화병에 걸린 사람들은 화가 많은 사람이 걸리는 게 아니다. 이 여성처럼 다른 이에게 말도 못 하고 혼자 끙끙 앓는 사람, 불안감, 억울함, 분노가 쌓여 있는 사람에게 나타난다. 화병은, 참는 쪽에서 응어리를 풀지 못한 채 병이 되는 참으로 슬픈 병이다.

현재 나의 짝꿍에게 사랑의 표현을 자주 해주면 어떨까? 가까운 사이에서 공감이 이루어지지 않고 충고만 하는 경우 나중에는 상대방이 입을 닫는 경우가 많다. 말을 하고 싶어도 상대방 목소리가 커서 자기 할 말만 하고, 자기의 말만 옳다고 강요하는 경우엔 대화가 되지 않으니 입을 닫게 되는 것이다. 이 목소리 큰 사람들은 상대가 말을 안 하면 자기의 말이 맞는 줄 안다. 당신은 당신의 짝꿍에게 어떤 대화 상대인지 생각해볼 필요가 있다. 자신의 짝꿍을 뜨거운 눈으로 봐주고 오늘 할 수 있는 최고의 사랑을 표현해야 한다. 그게 진정한 공감이고 진정한 사랑이다.

상대를 아껴주는 마음이 서툴다면 과연 나 자신이 나를 진정으로 사랑하는지부터 체크해봐야 한다. 자존감이 높은 사람은 타인의 말에 휘둘리는 법이 없다. 자신을 사랑해주는 상대를 약하게 평가해 휘두르려 하지 말아야 한다. 나 자신이 피해의식은 없는지, 나 자신이 진정 자신을 사랑하는지 생각해보자. 나의 내면아이부터 알아봐준다면 지금보다 더 아름다운 사랑을 베풀 수 있게 된다. 사랑을 잃을까 두려워하지 말고 현재 할 수 있는 최고의 사랑을 해보자. 우리의 모든 인간관계는 사랑이 기초임을 명심해야 한다.

내면아이 제대로 사랑하는 법

"자신이 성장하면 보이는 것도 달라집니다.
10m 높이에서 볼 때와 1m 높이에서 볼 때는
보이는 풍경이 전혀 다릅니다."
— 미야모토 마유미

나와 내면아이의 연합은 실로 우리의 삶에 강력한 힘을 발휘한다. 행복하고 성공한 인생을 살고 싶다면 내가 평소 어떤 말을 하고 어떤 생각을 하는지 살펴봐야 한다. 당신의 말과 생각 속에서 내면아이가 좋아하고 싫어하는 일을 알아낼 수 있다. 사람은 자신을 믿는 만큼 성취를 이룰 수 있다. 믿음의 크기가 클수록 더 큰 일을 해낼 수 있다. 그동안 당신은 당신을 얼마나 믿고 있었는가? '내가 할 수 있을까? 한 번도 안 해 봤는데? 실패하면 어떻게 하지?' 열정보다 두려움과 부정적인 생각을 더 많이 하고 있진 않았는가?

우리의 뇌는 긍정과 부정을 함께 처리할 수 없다. 그렇다면 불안하거나 부정적인 마음이 들 때마다 나에 대한 굳음 믿음으로 '할 수 없다'를 '할 수 있다'로 바꿔 말하고 생각하는 것이다. 나와 내면아이가 생각한 긍정적인 방향을 향해 무조건 직진을 하는 길은 전혀 두렵거나 불행하지 않다. 나와 내면아이가 즐거우니 주변 사람들에게도 좋은 영향을 끼친다. 하버드대학교 크리스태키스 박사와 UCSD 공동연구팀은 2008년 「영국의학저널」에 행복한 감정이 얼마나 강력한 전파력을 끼치는지 상세히 기술한 바 있다.

미국 매사추세츠 주의 21~70세 성인 4,700명을 대상으로 행복한 감정이 과연 가족, 친구, 이웃들에게 어떻게 전파되는지를 20년 동안 분석한 결과이다. 상식선에서도 알아두면 좋겠지만 연구 결과를 신뢰하고 삶에 적용하면 유익할 것이다.

- 나의 친구가 행복할 때 내가 행복해질 확률은 15% 높아진다.
- 나의 친구의 친구가 행복할 때 내가 행복해질 확률은 10% 높아진다.
- 나의 친구의 친구의 친구가 행복할 때 내가 행복해질 확률은 6% 높아진다.

이 연구 결과를 통해 알 수 있듯이 내가 행복한 건 나뿐만 아니라, 내

가족, 지인들에게 영향을 준다는 사실을 알 수 있다. 행복한 마음은 전염성이 강력하다. 긍정적으로 똑똑하게 이용한다면 나는 물론 내 주변 사람 모두를 행복하게 할 수 있다. 만약 당신의 주변이 온통 드림 킬러와 에너지 뱀파이어들뿐이라면 잠시 멀어지는 건 어떨까? 먼저 내가 내면 아이와 단단한 축복 덩어리가 되어 그들에게 행복 에너지를 나누어주는 것이다. 그것이 나와 내 가족과 주변이 행복해지는 지혜로운 방법이 될 수 있다.

찰스 화이트필드 박사는 『마음속의 아이 치유』에서 내면아이를 '우리의 진정한 자기, 우리 본연의 참다운 존재'로 정의한다. 삶의 행복한 비결 중 하나는 내가 좋아하는 일을 발견하게 되는 것이다. 이 일을 함으로써 행복감과 성취감을 느끼며 돈까지 벌 수 있다면 이보다 더 행복한 일이 있을까? 대다수의 경우 나의 특기를 살리는 직업을 가진 사람은 많지 않다. 하지만 직장을 다니면서도 자신이 좋아하는 취미 활동을 하면서 삶의 즐거움을 찾는 일은 어려운 일이 아니다. 지금도 많은 사람이 실행하는 새삼스러울 것 없는 일상이다.

퇴근 후, 영어 회화 학원에 다닌다거나 요리 학원이나 미용학원에 다니며 자격증을 취득할 수도 있고 헬스장을 다니며 건강에 신경을 쓸 수도 있다. 이런 취미 활동은 나를 게으름에 멈추지 않게 하는 행위이며 내 삶을 발전시키는 일이기도 하다. 내가 좋아하는 일은 신체적, 정서적, 지적, 정신적으로 무언가를 도전하고 싶게 만들고 창조하고 싶게 한다. 내 삶에 의미를 부여하는 일을 찾아내면서 내면아이의 열정적인 모습이 깨어나게 된다. 즐거운 일을 경험함으로써 당신이 더 좋아하는 일을 알게 되기도 한다.

무언가를 시작할 엄두가 나지 않는다면 가벼운 운동부터 시작해보자. 나는 실제로 구기 종목의 운동에 소질이 없다. 그래서 시작한 것이 산책이다. 가벼운 달리기도 포함된다. 자연을 싫어하는 사람은 없을 것이다. 나는 실제로 여행과 캠핑을 좋아하는데 그것은 매일 할 수 있는 일이 아니므로 매일 자연을 접할 수 있는 산책이 나에게 딱 맞는 일이었다.

라이브 카페라는 직업적 특성상 일조량이 많이 부족한 나는 산책이 탁월한 선택임을 느낀다. 하루 30~40분가량 햇빛을 쏘이며 나무와 하늘을 바라보는 일은 새로운 에너지를 제공해준다. 뭔가 도전하고 싶고, 일에 대한 만족도도 높다. 실제로 인간관계에서도 훨씬 긍정적이고 유해졌음을 느낀다. 사람들에게 표정이 밝아졌다는 칭찬도 듣는다. 노래를 부를 때도 호흡 조절이 쉽고, 글을 쓸 때도 훨씬 더 에너지가 솟고 오래 쓸 수 있는 근력이 생겼다. 이제는 오히려 산책하러 안 나간 날 몸이 찌뿌둥한 증상까지 나타난다.

열정적으로 무언가 하는 게 즐겁다는 걸 깨닫게 되면 또 다른 무언가 새로움을 창조하게 된다. 거듭되는 도전 속에서 느낄 수 있는 이 성취감과 행복감이야말로 진정한 삶의 목적인 것이다. 하지만 만약 이런 과정이 생략된 채 살아간다면 내면의 공허를 채워줄 어떤 물질이나, 사물, 사람, 중독을 찾아 목적 없이 방황하게 된다. '인생이 재미없다'는 에너지를 손실시키는 말을 반복한다. 본인 스스로가 타인의 에너지 뱀파이어가 되어 나쁜 에너지를 전파하는 가해자가 되는 것이다. 목적 없이 살다가 당신 자신도 모르게 타인의 에너지를 파괴하는 뱀파이어가 된다.

많은 사람이 타인으로부터 관심을 받을 수 있는 선에서 행동을 한다. 타인의 불만이나 미움을 받지 않기 위한 행동을 한다. 이러한 불편한 동의가 자신을 행복하게 만든다고 믿는다. 어느 정도의 동의를 얻고 미움받을 짓을 피하며 사는 것이 '통제'를 잘하며 산다고 굳세게 믿는다. 불행하게도 내가 느낄 수 있는 최고의 감정이 의무와 책임을 졌을 때 보상처럼 주어진다고 믿는다. 그 보상은 상대에게서 나온다고 철석같이 믿어버린다. 왜 나 스스로가 이미 그런 존재임을 느끼지 못하는가! 이유는 나의 내면에 무한한 능력을 발굴해 내지 못했기 때문이다.

나의 내면아이의 소리에 귀를 기울여보자. 우리가 상대방과 좋은 인간관계를 위해서는 70%는 경청을 하고, 30%만 말하거나 질문을 해야 한다. 이는 인간관계뿐만 아니라 나의 내면아이와의 대화에서도 마찬가지이다. 어린 시절 부모님이 자신의 말을 잘 들어주지 않아 외롭게 자란 사람은, 부모가 되었을 때 자기 말만 하려고 든다. 자꾸 훈계하고 잔소리를 해댄다. 그렇기에 상대방의 소리나 내면아이 이야기를 잘 들어주지 않는다. 그래서 관계가 자꾸 틀어진다. 내면아이와 화합이 안 되니 마음 또한 지옥이다.

당신의 내면아이는 산으로 바다로 다니며 모래성 쌓기 놀이도 하며 신나게 놀고 싶다. 이 아이는 밝고 순수하다. 모험심이 강하다. 궁금한 게 많아 해보고 싶은 일도 많다. 하지만 어른이 된 현재의 당신은 양육도 해야 하고 돈도 벌어야 하기에 그럴 여력이 없다. 순수한 마음으로 맘껏 놀고 싶은 마음과 책임과 의무감 속에 끊임없이 내면의 충돌이 일어난다…. 불덩어리를 가슴속에 안고 사는 것처럼 늘 불안하다. 현재에 만족할 수가 없다. 그래서 결혼한 남자들이 아내가 며칠 친정에 가면 자유를 느끼는 것이다. 현재의 가장 무게와 의무를 잠시 내려놓고 순수한 내면아이로 감정을 만끽하고 싶은 것이다.

내면아이의 소리에 귀 기울여 내 마음이 평온해지고 행복한 일을 찾아보자. 내 행복은 증가하고, 현재에 만족도가 높아진다. 그리고 이제껏 알지 못했던 내가 하고 싶은 일이 무한대로 생겨난다. 잠들어 있던 행복한 일을 자꾸 캐내고 싶다. 타인에게 의지하고 분산됐던 나의 시선을 이제는 나에게 초점을 맞춰야 한다. 나의 행복과 불행이 가족이나 타인이 아니라 오로지 나로부터 시작된다는 걸 인지해야 한다. 나를 진정 사랑하는 마음으로 내가 원하는 즐거운 일을 하니 '이게 행복이구나.'라며 만족하는 삶을 살게 된다. 이것이 바로 진정 우리가 꿈꾼, 나답게 사는 인생이 아닐까!

07

내면아이와 만나는 시간을 낯설어하지 마라

"'마시, 당신은 왜 그렇게 행복한가요?'라고 물었다.
그녀는 그 질문에 '행복하지 않을 이유가 없으니까요.'라고 대답하곤 했다."
― 마시 시모프

『이유 없이 행복하라』의 저자 마시 시모프가 한 말이다.

"마시, 당신은 왜 그렇게 행복한가요?"

마시는 늘 행복해 보이는 사람이었고, 사람들이 항상 그녀에게 물었던
질문이다. 처음엔 너무 추상적인 답이라고 생각했다. 하지만 마시는 반
복되는 사람들의 질문을 그냥 흘려듣지 않고 귀를 기울였다. 사람들이
반복적으로 어떤 질문을 한다는 것은 바꿔 말하면 그 안에 내 재능이 숨

어 있다는 뜻일 수도 있다. 마침내 마시는 예리한 통찰력으로 자신의 재능을 살려 행복이라는 주제에 대해 말하고 가르치고 글을 썼다. 그렇게 탄생한 『이유 없이 행복하라』라는 책은 〈뉴욕타임스〉 베스트셀러가 되었다.

사실 마시의 이 이야기가 나에게 큰 감동을 준 건 베스트셀러 작가가 되었다는 사실이 아니다. 사람들이 나에게 반복적으로 묻는 질문 속에서 나의 강점을 발견한 통찰력과 행복하지 않을 이유가 없다고 당당히 말할 정도로, 내면아이와 탄탄한 유대감이 형성되어 있다는 점이다. 내면아이와 유대감이 건강하게 형성되어 있다는 말은 달리 말하면 마음 근육이 튼튼하다는 말이다. 행복이란 내가 진정 행복하지 않다면 근심 속에 싸여 있는 상황에는 절대로 나올 수 있는 말이 아니다. 나는 한때 이 말이 너무 좋아 노래처럼 읊조리고 다니기도 했다. "넌 뭐 그리 매일 좋아?"라고 물으면 "행복하지 않을 이유가 없잖아?"라고 미소를 지으며 말했다.

우리가 아는 모든 위대한 사람들은 태어날 때부터 위대한 사람이 아니었다. 소소한 일들 속에서 내가 즐거운 일을 찾아내고 나만이 가지고 있는 내면의 목소리를 찾아내 세상에 드러내는 실행력을 실천했기에 가능한 일이다. 나 역시도 마찬가지이다. 나는 대부분 시간을 직장생활에 시간을 썼다. 자주 원치 않는 사람들을 만나 시간을 허비하는 날들을 보냈고 하루하루가 재미가 없었다. 반복되는 하루하루가 지겨울 만큼 삶의 의미를 찾지 못했다. 그러다 문득 '나 이렇게 살다 죽으면 억울하지 않을까?'라는 생각이 들었다.

그런 생각을 한 이후 점점 억울하다는 생각이 더 나를 짓눌렀다. 그때부터 미친 듯이 책을 읽었다. 라섹 수술을 한 이후로 눈에 무리가 올 것 같은 얕은 믿음 속에 책을 멀리했다. 하지만 뭔가를 시작하고 싶은데 그저 막연하고 막막하기만 했다. 그래서 다시 책을 손에 들었다. 책 속에는 무척 대단한 사람도 많았지만, 대다수가 지지리도 가난하거나 부정적인 사람들이었다. 그랬던 그들의 성공담은 나에게 '너도 할 수 있다고 지금 시작하라'고 말해주는 듯했다. 그래서 그런 작은 느낌, 작은 설렘을 흘려보내지 않고 종이에 적기 시작했다.

점점 나의 꿈이 무엇인지 그 꿈을 이루기 위해서 무엇부터 해야 하는지 더 공부하기 시작했다. '내면아이 상처 치유.' 바로 이 문제가 가장 1순위였다. 몰랐던 세계다. 자주 내가 아닌 심술꾸러기 무언가가 나의 삶을 망가트리기도 했는데 그 존재가 바로 상처받은 나의 내면아이였다. 어느 순간 마음을 내려놓고 내가 원하는 대로 행동을 했다. 어떤 일을 할 때 조금이라도 반대의 마음이 들면 아쉬운 마음이 들어도 안 했다. 내면아이의 이야기에 귀를 기울여주기 시작한 것이다.

이혼의 아픔을 겪은 이후로 쓰지 않았던 일기를 다시 쓰기 시작했다. 운동을 시작했다. 노래 한 곡을 불러도 정말 좋아하는 노래만 불렀다. 혼자 먹는 밥이라도 감사의 의미를 부여해서 먹었다. 매사에 모든 상황 모든 사람에게 감사한 일을 찾아보기 시작했다. 그 일들이 반복되면서 어느 순간 자연스럽게 감사한 일들이 쏟아졌다. 심지어 나를 아프게 하는 사람들조차 그들의 치유되지 않은 내면아이가 말썽부린다는 걸 이해하기 시작했다. 상대를 이해하게 되니 공감의 마음이 들었다. 그러면서 나 자신의 행복감은 물론 타인과의 인간관계조차 좋아짐을 느꼈다. 점점 운 없던 내가 운이 좋아지는 에너지 덩어리가 되었다.

이 행복감을 많은 사람과 나누고 싶었다. 나처럼 무언가를 하고 싶은데 너무 늦었다는 생각하는 사람들과 방법을 몰라 멈춰 있는 사람들에게 차근차근히 알려주고 싶었다. 내면아이에게 귀를 기울이고 조금만 관심을 가져본다면 내가 진정 기쁘고 행복하게 할 수 있는 일이 무엇인지 튀어나오기 시작한다. 그리고 그 일을 했을 때 진정 나다운 참 나를 발견할 수 있게 된다. 그 기쁜 일은 오로지 돈벌이가 되고 가족 부양을 해야 하는 의무적인 일이 아니다. 의무는 사랑이 될 수 없다. 진정으로 내면에서 우러나올 때 진정한 사랑이 된다.

오늘부터 나에게 스스로 칭찬을 해주자. 이유 같은 건 필요 없다. 조건

같은 것도 필요 없다. 작은 것부터 시작해보자. 칭찬의 기술은 결과가 아닌 과정을 칭찬하는 것이다. "퇴근하고 와서 힘들었을 텐데 어제는 10분 했던 청소를 20분이나 하니 더 깨끗해졌네! 대단한 걸! 최고야." "아까 그 무례한 손님이 험한 말 했는데 울지도 않고 화를 내지도 않고 의연하게 잘 대처하던걸? 너니까 그렇게 현명하게 했지. 정말 멋져. 잘했어." 이런 식으로 시간과 과정을 덧붙여 칭찬하는 것도 좋은 방법이다. 칭찬은 나의 열정을 깨워준다. 칭찬은 에너지를 확장시켜 몸을 더욱 건강하게 만든다. 그리고 나의 자존감을 높여주는 최고의 비타민이다.

미국 심리학자 윌 슈츠 박사는 '자아 존중감'의 3가지 욕구에 관해 설명한다.

1) 자기 중요감 : 고맙다. – 이는 자신이 소중한 존재로 대우받고 싶은 마음이다.
2) 자기 유능감 : 대단해. 성장했어. – 중요한 의사 결정이나 행동에서 느낀다.
3) 자기 호감 : 좋아해. 관심 있어. – 타인에게 사랑받고 싶은 욕구

칭찬을 받거나 사랑받는 여자들은 아름다워진다는 연구 결과도 있다. 칭찬받는 여자에겐 에스트로겐이 분비가 된다. 칭찬을 많이 받는 여자일

수록 점점 더 예뻐진다는 뜻이다. 대부분 남자는 새로운 이성에게는 관심을 잘 표현하고 칭찬도 어렵지 않게 한다. 하지만 자신의 짝꿍에게는 표현을 자주 안 한다.

지금 곁의 배우자나 짝꿍의 얼굴을 한번 바라보자. 예뻐 보이는가? 그렇다면 그 마음을 말로 자주 표현해주어라. 예쁘다는 마음이 들 때 그 마음을 그때그때 표현해주자. 그럼 그 여자는 더 예뻐질 것이다. 그런데 밉거나 별로 예쁘지 않은가? 그렇다면 생각해보자. 내가 사랑한다고 말한 게, 예쁘다고 말한 게 언제였는지를. 지금 예쁘지 않게 보이는 건 당신의 사랑을 받지 못해서이다.

서로 다 아는 사이에 무슨 쑥스럽게 표현하고 사느냐고 묻는 이도 있을 것이다. 옳지 바로 그것이다. 내가 나를 사랑할 줄 모르기에 다른 이에게 하는 표현이 서툰 것이다. 사랑 표현을 잘하는 사람들은 남의 칭찬도 잘 받을 줄 안다. 칭찬에 어색해하는 사람들은 남이 칭찬해도 잘 받을 줄 모른다. 이는 어린 시절 칭찬을 받고 자라지 못했기 때문에 불편한 것이다. 어린 시절 늘 꾸지람만 듣고 자란 사람은 남들이 나를 칭찬하면 '난 원래 그런 사람 아닌데, 나를 잘 몰라서 하는 소리.'라며 불편한 마음까지 든다. 남들이 인정하지 않은 혼자만의 오만한 당당함은 주변인을 불편하게 만들지만, 남이 자신을 칭찬했을 때에는 감사히 받을 줄 모르는 일 또한 오만함이 될 수 있다.

자녀가 있는 분들은 아실 것이다. 어떤 일에 칭찬을 해주면 아이는 신이 나서 그 일을 더 잘하려고 분주하다. 신이 나는 것이다. 바로 우리 내면에도 그렇게 칭찬받고 싶은 순순한 어린아이가 있다. 때때로 유치할 만큼 드는 발랄한 마음, 때론 어른 같지 않은 행동 그런 것을 했을 때 낯설면서도 즐거웠던 경험이 있을 것이다. 흐르는 계곡 바위에 앉아 신발을 벗고 바지를 걷고 두 발로 물을 첨벙첨벙하면 재미가 난다. 자녀의 작은 세발자전거에 억지로 몸을 끼워 넣어 페달을 밟아보기도 한다. 아이코, 넘어지기도 한다. 신이 난다. 아이의 그림공부를 알려주다 남은 크레파스로 빈 스케치북에 정체 모를 그림을 그려보기도 한다. 재미있다.

어른이 된 나는 사회 이목도 있으니 못 했던 이런 행동들이 낯설지만 즐겁다. 순간순간 나의 내면아이가 즐기는 모습을 발견하게 될 것이다. 그리고 끊임없이 대화를 시도해라. 즐거워? 행복해? 다음에 또 해볼까? 네가 행복하니 나도 행복해. 고마워. 시시때때로 이렇게 낯선 모습으로 내면아이는 자신의 존재를 끊임없이 드러내며 살아왔다. 이 아이의 행동을 지켜봐주고 사랑의 언어를 보내주면 어느새 한껏 밝아진 내 얼굴 뒤로 활짝 웃는 나의 내면아이의 얼굴을 보게 될 것이다. 이것이 진정한 행복이다. 이 아이와 매 순간 좋은 것을 선택하는 과정 또한 행복한 인생의 목적인 것이다.

08

음악 테라피로 내면아이 상처 치유한다

"당신의 재능을 감추지 마라. 그것은 사용되기 위해 주어진 것이다.
그늘 속에 있는 해시계가 무슨 소용이 있겠는가."

– 벤자민 프랭클린

혼자라는 감정은 매우 두렵다. 혼자 남겨졌다는 감정만큼 참기 힘든 감정도 없다. 때로 죽을 것 같은 지독한 외로움에 정말로 죽을 수도 있을 것 같은 마음마저 든다. 이럴 때 나에게 필요한 지원을 해주는 사람이 나타난다면 무력감이 자극을 받아 자연스럽게 수용하게 된다. 그래서 선택한 모든 일들은 때때로 자주 후회라는 감정을 가져온다.

외롭다고 아무나 사귀어 그 값을 톡톡히 치르는 사람들을 나는 어렵지 않게 많이 보았다. 그래서 사람을 사귀는 일은 매우 신중해야 한다.

외로움을 덮기 위해 무언가 선택하지 않은 외로움의 바로 그 단계! 내가 극도로 심한 외로움에 공포감이 드는 그때! 내 감정의 숨소리를 들어야 한다. 그것이 바로 홀로 남겨져 있는 내면아이의 울부짖음이다. 그 아이가 자기 좀 봐달라고, 나 여기 있다고 신호를 보내온 것이다. 그런데 당신은 그 신호를 알아채지 못하고 외로움을 달래기 위해 이성을 찾아 헤맸다. 다른 물질 중독으로 외로움을 대체하고 다녔다. 그렇게 또 내면아이의 외로운 외침은 메아리가 되어 고요히 사라진다. 또다시 혼자. 또다시 버림받음.

그렇게 수십 년 동안 내면아이는 자신의 존재를 알리려 신호를 보냈지만, 당신은 당신의 외로움을 채워줄 기쁨을 밖에서 찾아다니고 있었다. 내면아이는 당신의 또 다른 이성이 맘에 들지 않아 불쑥불쑥 훼방을 놓는다. 그 사람이 싫어서가 아니라 나를 또다시 버림받게 만든 장본인이기 때문이다. 만약 당신이 그 사람을 선택하지 않고 내면아이의 신호를 듣게 됐다면 어떤 일이 벌어질까? 사랑 표현이 서툰 사람일수록 내면아이를 돌보는 일은 쉬운 일이 아닐 수 있다.

내면아이를 돌본다는 것은 순수한 마음으로 아이의 기준에 서서 무조건 사랑하고 무조건 '헌신'한다는 뜻이다. 내면아이를 사랑한다며 자기 뜻대로 행동한다면 그것은 진정한 사랑이 아니다. 사랑이란 그 사람을 아낀다는 뜻이다. 뜨거운 연애 끝에 결혼하는 사람들. 남자들은 흔히 "네 손에 물 한 방울 안 묻힐게."라며 사랑을 맹세한다. 이는 정말 손에 물 한 방울 안 묻힌다는 것이 아니라 그만큼 당신을 아껴주겠다는 의미이다. 당신의 어려움을 모두 대신해줄 수 있다는 희생정신이 깃든 말이다. 그 마음처럼 내면아이에게도 무조건적인 사랑을 주어야 한다. 내면아이는 손을 잡고 인생을 같이 걸어가야 하는 존재이다.

어려운 상황을 함께 극복한 사람일수록 그 관계는 매우 끈끈해진다. 등산하러 갔을 때 비바람이 몰아치고 배고픔에 허덕이면서도 나와 함께 해준 사람, 바닷가에서 수영하다 거센 파도에 맞아 죽을 것 같은 때에 공포를 함께 겪어주며 나를 지켜준 사람, 삶이 너무 고되서 죽음을 선택할 뻔한 상황에서 고비를 함께 극복한 끈끈한 사람, 가난으로 힘들 때 힘내라고 아무 조건 없이 사랑의 마음으로 비상금을 내어준 사람, 이런 사람들의 고마움은 평생에 거친 은혜로 기억된다. 설령 그 사람이 실수하더라도 상처받지 않고 이해하는 끈끈한 인간관계가 된다. 이런 조건 없는 마음으로 나의 내면아이에게 사랑을 주어야 한다.

나는 음악으로 상처를 치유한다. 사람의 일상이란 하나의 시련을 극복하면 그 문제가 다시 안 일어날 것 같지만 또 다른 문제가 생기게 마련이다. 사건과 사람들로 상처를 받을 때 더 큰 응어리가 되지 않도록 자주 음악으로 상처를 치유해줘야 한다. 작은 성공의 반복 속에 큰 성공이 이루어지는 것처럼, 이런 작은 문제들을 해결하면서 더 큰 문제를 해결할 수 있는 내공이 쌓인다. 내가 그만큼 커지면서 문제는 더는 문제가 되지 않는 탄탄한 내면 근육이 생기는 것이다. 사람들에겐 음악을 좋아하는 마음이 있다. 노래를 못하는 사람은 있을지언정 음악을 싫어하는 사람은 없다.

나는 라이브 카페를 운영하면서 많은 분야의 사람들을 만나게 된다. 어느 날 식사를 하고 노래를 하고 싶어 오신 친구들 모임의 손님 3명이 오셨다. 20년 지기 친구로 무척 친한 사이라고 했다. 두 사람은 노래도 곧잘하고 밝아 보였는데 한 분은 그저 술만 마셨다. 자신은 노래를 못한다고 했다. 나는 그분과도 공감대를 형성하고 싶었다. 그분의 과거 이야기를 공감의 눈빛을 보내며 진심으로 들어주자 그분은 속내를 털어놓았다. 그분은 10년 전부터 TV나 음악을 듣지 않았다고 했다. 한 여인을 무척 사랑했는데 10년을 사귄 그분과 헤어지고 대중매체를 모두 차단했다고 했다.

세상 모든 노래 가사 말이 자기 얘기를 하는 것 같고, 자기를 비난하는 것 같다고 했다. 10년을 사귄 분과 이미 10년 전에 헤어졌는데 마음으로는 아직 그분을 놓아주지 못하고 있었다.

사람을 잃은 외로움을 외롭다는 이유로 이 사람 저 사람 대체하며 만나는 사람도 있는 반면, 이분은 자신의 인생을 너무 가두어서 사는 것 같아 마음이 좋지 않았다. 나는 계속해서 진심으로 이야기를 들어주었고 용기를 내서 가장 좋아했던 노래를 해보라고 권했다. 계속 거부하다가 어느 순간 나에게 마음이 열렸는지 노래 한 곡을 선택했다.

바람꽃의 〈비와 외로움〉이란 노래였다.

낯선 이 비가 내 몸을 적시면 살며시 찾아드는 외로움
조용한 선술집에서 생각하는 그대 모습

그대가 내 곁에서 멀어져 바람 속에 묻힐 때
또다시 길을 나서며 맞는 낯설은 비와 외로움
내 마음 쓰러져 길가에 쓸쓸함이 쌓이네
(후략)

이분은 이 노래 한 곡으로 얼굴 빛깔이 달라졌고 얼굴엔 미소까지 번졌다. 쑥스러운 듯 나에게 "저 노래 못하죠?" 하며 말을 건넸다. 나는 가슴이 먹먹해진다고 솔직하게 말했다. 이분도 무척 만족스러워 보였다. 같이 오신 친구분들도 나에게 말했다. "아니, 이 친구 어떻게 노래를 시컸어요?" 10년 동안 노래를 처음 들어본다는 것이다. 사람의 마음을 움직이는 건 오직 공감의 마음뿐이다. 내가 한 일이라곤 단순했다. '괜찮아요, 여긴 안전해요. 사는 게 너무 힘들어 차라리 죽는 게 나을 것 같다고요? 아니요, 그렇지 않아요. 여긴 안전해요. 내가 당신의 노래를 들어줄게요. 편안함을 느끼세요.' 이렇게 공감의 언어로 진심의 눈빛을 보냈을 뿐이다. 그리고 그의 노래에 전율을 느꼈고 그것을 솔직하게 이야기해줬을 뿐이다.

미국 텍사스 대학교의 심리학자 크리스틴 네프와, 네덜란드 나이 메헨 대학교의 심리학자 루소 봉크는의 연구결과에 의하면, 자존감을 높이는 것보다 더 중요한 일은 자신을 비난하지 않는 것, 스스로 너그러워지는 것이라는 결론을 내렸다. 나에 대한 치유는 자기 자신을 공감해주고, 어떤 실수를 했더라도 스스로 친절과 관용을 베풀어주는 것이다. 그때 나의 존재감을 질책하지 않고 수치심을 느끼지 않게 된다. 나에 대한 사랑, 관용, 자기 연민을 줌으로써 타인과의 관계에서도 자비를 베풀 수 있는 마음의 여유가 생긴다.

꼭꼭 숨겨두면 아무도 당신의 존재를 알지 못한다. 그렇게 숨기고 살다 보면 나조차도 나의 뛰어난 재능과 열정을 잊고 살게 된다. 나의 내면아이는 무한한 능력을 갖추고 있다. 프랭클린의 말처럼 그늘 속에 있

는 해시계는 아무 소용이 없다. 이 무한한 능력의 내면아이가 마음껏 뛰
놀 수 있고 능력을 펼칠 수 있도록 해줘야 한다. 나의 내면의 풍요로움이
넘쳐날 때 자연스레 남들도 사랑할 수 있게 된다. 세상 그 누구보다 자기
자신과 지내는 시간이 좋아지면 그때부터는 어떠한 중독에 의존하지 않
아도 세상은 충만하다. 음악 치유로 혼자 있는 시간조차 외롭지 않은 사
람이 되어보자.

CHAPTER 5

내면아이가 행복하면
삶이 달라진다

01

내면아이가 행복하면 삶이 달라진다

"하고 싶은 일에만 마음을 쏟으면 된다. … 평화가 어렵지 않을까,
사랑이 달아나지 않을까, 명품 하이힐을 사면 통장이 바닥나지 않을까
하는 생각은 하지 마라. 마음을 오직 원하는 것에 맞춰라."
— 『E2』, 팸 그라우트

우리의 가슴속엔 누구나 이루고 싶은 소망 같은 게 있다. 거대한 꿈이
아니더라도 작은 결정이라도 내가 진정으로 원하는 기쁜 순간들 말이다.
하지만 뭔가에 홀리듯 내 가슴이 하는 말을 듣기보다 나를 평가하는 사
람들의 시선들을 의식하느라 정작 원치 않는 결정을 내리기도 한다. 그
들의 비판이 내 삶에 전혀 이롭지 않다는 걸 알면서도 무리에서 따돌림
을 당하는 게 두려워 그들의 장단에 맞춰 춤을 추는 것이다. 가슴이 시키
는 내가 원하는 길을 가려 할 때 누군가 등을 돌리거나 비난을 한다면 그
사람은 당신이 가는 길에 결코 도움이 된다고 볼 수 없다. 있는 그대로의

나를 응원해주는 사람이 우리에겐 절실하게 필요하다.

내 주위에 10명의 사람이 있다. 그중 3명은 나를 좋아하는 사람이다. 3명은 나를 싫어한다. 그리고 나머지 4명은 나에게 아예 관심도 없다. 결국, 7명이 나를 싫어하거나 나의 존재조차도 관심 없단 뜻이다. 그런데 우린 왜 모두에게 잘 보여야 한다고 생각하는 걸까? 내 자식의 마음도 모르겠고, 내 배우자의 마음도 모르겠는데 어떻게 타인의 10명의 마음에 들 수가 있겠는가! 모두를 다 갖겠다는 생각을 버려야 한다. 그 사람을 보면 기분이 좋아지고, 배울 점이 있고, 나의 성장에 같은 뜻으로 지지하는 공감과 느낌이 잘 통하는 사람만 만나도 된다.

어린 시절 부모의 사랑을 충분히 받고 자라지 못한 경우 사회생활을 하면서 모두에게 잘 보이려고 애쓰는 사람이 있다. 어린 시절의 관계가 어른이 되었을 때 인간관계의 90%를 좌우한다. 주변 사람들을 보면 유달리 투덜거리는 사람이 있다. 이런 사람은 외로워 누군가 함께하고 싶다. 하지만 상처를 받을까 봐 다가오지 못하게 하며 혼자 괴로워한다. 매사에 쓸데없이 참견하며 도우려는 오지랖을 떠는 사람이 있다. 이 사람은 부모와 연결 없이 혼자 있었던 내면의 외로움이 있다. 자신의 외로움을 대면하는 감정이 두려워 이 사람 저 사람 참견을 하고 다니는 것이다. 엄마 배 속에서부터 성별을 부정당한 아이였을 수도 있다.

딸을 원하는 집안에 아들로 태어난 사람은 지나치게 수동적이다. 존재 자체를 환영받지 못하여 부모 중 한 사람의 정서를 돌보는 대리 배우자 역할을 하며 고생을 하는 사람도 있다. 부모가 무슨 이유였든 무관심했다면 아이는 병을 만들어 부모의 관심을 끌어낸다. 아플 때 받았던 따뜻한 관심을 스스로 끌어내는 것이다. 앞서 말했듯이 어린 시절의 환경이나 관계가 성인이 돼서도 90%를 좌우한다. 성인이 돼서도 자주 아프거나 아토피와 같이 피부병을 만들어 존재를 인정받으려 하는 사람들이 그런 것이다.

우리 내면 의식으로 들어가보면 여자든 남자든 어릴 적 부모의 사랑을 받지 못한 사람은 그 사랑을 재연해줄 이성을 갈구한다. 그 공허한 마음을 채워줄 딱 맞는 이성을 만나 행복하게 살면 좋겠지만 참 아이러니하게도 엄마와 똑같은 사람, 아빠와 똑같은 사람을 만나게 된다. 알코올 중독자의 아빠, 폭력적인 아빠 밑에 자란 여자아이가 결국 폭력 남편이나 애인을 만나게 된다. 엄마의 안 좋은 부분을 보고 자란 아들이 그 부분을 경멸하면서도 똑같은 배우자를 만나게 된다. 부모님에 대한 해결되지 않은 내면의 분노 때문에 친숙한 환경을 선택하게 되는 것이다.

깊숙이 들어가면 우린 모두가 내면의 상처가 있다. 치유되지 않은 내면아이를 안은 채로 살아간다는 것은 관계 속에서 많은 어려움을 겪게 한다. 부모의 사랑을 받지 못해 그걸 채워줄 이성을 만나 결혼을 했는데, 엄마와 쏙 빼닮은 행동을 한다. 당황스럽다. 그 상태에 아이까지 낳았다. 이미 내 안에 내 자녀만 한 상처받은 내면아이가 존재하고 있다. 배우자에게도 그 아이가 있다. 그런데 양육해야 할 현실 속의 아이가 태어나게 된 것이다. 받아보지 못한 사랑을 내 자녀에게 주려니 당연히 힘들 수밖에 없다. 아빠란 이유로 엄마란 이유로 '부모의 힘은 위대해.'라며 희망을 품어보기도 한다.

때로 자녀가 있는 부모의 말을 들어보면 그게 옳고 그름과 상관없이 자기를 닮았단 이유로 무조건 예뻐만 하는 어른들이 있다. 냉정하고 객관적인 올바른 교육을 해주어야 한다. 교육하지 않고 나의 자녀라는 이유만으로 예뻐한다면 버릇없는 아이로 자라게 된다. 모든 걸 받아주는 부모를 떠나 사회에 나갔다가 사회의 외톨이로 방황하고 상처를 받는다. 다시 부모의 그늘 밑을 찾아오게 된다. 그렇게 예쁜 자녀라면 사회에서도 사랑을 받을 수 있도록 참된 교육을 해주어야 한다. 내 안의 상처를 치유하고 온전한 사랑을 베풀어야 그 자녀가 그것을 배운다.

『나로 살아가는 기쁨』의 저자 아니타 무르자니는 "저는 내면의 안내 시스템 같은 것이 있어서 늘 저를 안내하고 있다고 믿고 있어요. 이 안내 시스템은 누구나 갖고 있고 항상 우리와 소통하려 하지요."라고 말했다.

내면의 안내 시스템은 나의 내면아이이다. 긍정적이고 호의적인 치유된 나의 내면아이와 함께 더 좋은 선택, 더 좋은 삶을 살 수 있다. 우리 모두 조금만 관심을 두면 이런 내면의 소리를 들을 수 있는 능력이 있다. 내면 아이와 함께 공존하며 사는 것이 좋은 건 알겠는데 주변 세상은 나의 확신을 깨버리려 하는 경우가 많다. 존재 자체를 부정하거나 살던 대로 살라며 충고까지 한다. 당신은 무리에서 멀어지는 두려움에 나의 내면아이를 내버려뒀을 수도 있다.

주변인에게 내 삶의 주도권을 빼앗기지 말아야 한다. 나 자신을 믿고 모든 선택과 통제권을 내가 갖고 있어야 한다. 종교에 의지하는 것도 좋은 방법은 아니다. 온전한 마음의 치유로 선한 인간으로 성장하는 수단으로 종교만 한 것이 없다. 하지만 너무 집착하는 것은 자기 삶뿐만 아니라 가족의 삶도 망가트린다. 아니타 무르자니는 이런 말을 했다.

"정말로 위대한 스승이나 영적 스승이라면 자기에게 의지하는 신봉자가 늘고 인기가 커지는 것이 목적이 될 수 없다."

때때로 신봉자들을 자기의 부를 늘리거나 사회적으로 이름을 날리려는 수단으로 여기는 사람들이 있다. 이는 아름다운 삶을 영위하고자 하는, 마음 약하고 선한 사람을 이용하는 악질 범죄일 뿐이다. 행복은 어떤 통로가 아닌 오로지 내 안에서 내가 영위해야 한다.

한스라는 한 남자가 있다. 울퉁불퉁한 바위를 딛고 서 있다가 900m 높이 허공 속으로 가슴을 내밀고 나아갔다. 패러글라이더 날개에 몸을 맡기자 수평선 너머 푸른 하늘이 시야에 들어온다. 두려움은 저 산 뒤에 버려두고 한스는 눈부시게 빛나는 열대우림과 코파카바나의 때 묻지 않은 해변 위 1,000여 m 상공에서 빛을 보았다. 한스는 출근하자마자 자신이 일하는 로스앤젤레스 센트럴시티의 법률 사무소에 사직서를 냈다. 누가 더 비싼 벤츠를 새로 살 때까지 BMW에 대해 흥분하며 떠드는 일, 힘든 프로젝트로 책상 밑에서 잠을 자고 다음 날도 바로 일을 시작해야 하는 일. 매일 알람에 맞춰 똑같은 두려움을 느껴야 하는 일상에 안녕을 고한다. 그는 정상을 향해 가고 있는 변호사였다.

동료들은 그에게 왜 가진 걸 모두 버리냐고 했지만, 그는 아무 말도 들리지 않았다. 사회적으로 인정받는 사람이었지만 행복하지 않다는 걸 느꼈다. 천천히 선회하며 땅으로 떨어지는 동안 뭔가 깨달음이 있었다. 일단 시도해보면 모험도 별거 아니라는 사실이다. 용기가 생겼다. 평온한 마음이 들자 곧바로 이상한 변화가 일어났다. 처음인 듯 자기 자신에 대해 평온을 느꼈다. 그는 항상 죽기라도 할 것처럼 비행기 난기류를 무서워했다. 하지만 지금은 지독한 폭풍 속에서도 잠자는 아기처럼 날 수 있었다. 참으로 이상한 기분이었다.

팀 페리스의 『나는 4시간만 일한다』 중의 인상 깊었던 내용이다. 이후 그는 죽을 것 같은 공포를 주는 비행기 난기류를 극복하고 브라질 플로리아노폴리스에서 프리미엄 파도 타기 어드벤처 회사를 운영하는 일을 했다. 놀라운 도전 이야기다. 사실 사람들은 도전하면 별로 겁나는 일이 아님에도 시도조차 하지 못한다. 그렇게 맞지 않는 사회생활과 가정생활과 공동생활을 하며 고통스러워한다. 내가 행복하지 않다는 것은 내면아이도 불행하단 뜻이다. 이 한스의 이야기를 통해 당신도 내면아이 상처 치유를 겁낼 필요 없다고 말해주고 싶었다. 꼭 쥐고 있어야만 내 것이 아니다. 행복을 위해 잠시의 고통과 아픔쯤은 사실 별것 아니다.

02

하루 10분 내면아이 챙기기

"지금 원하는 것을 상상하지 않으면 원하지 않는 것을 얻게 된다.
지금 당신에게 원하는 것들보다 원하지 않는 것들이 더 많다면
분명 과거에 원한 것을 정확하게 상상하지 않았던 탓이다."
— 『기적 수업』, 김태광

나는 평소 유튜브 채널 '라붐 시크릿 TV'를 통해 여러분의 열정과 미친 꿈을 찾으라고 동기부여의 영상을 자주 올린다. 꿈이 있어야 내 삶이 발전되고 고인 물이 아닌 흐르는 생명력 있는 물이 될 수 있다. 꿈을 향해 가는 중에는 폭풍이 쏟아져 내 그릇보다 넘칠 수도 있다. 커다란 바위를 만나 부서지고 깨질 수도 있다. 그 과정이 나의 성장 과정이다. 그 꿈을 향해 가는 길의 아름다운 풍경이나 고난도 꿈이 있어야 펼쳐지는 일이다. 여기서 더 중요한 것은 꿈이란 게 열심히 고뇌만 한다고 하루아침에 짠 나타나는 게 아니란 사실이다.

나의 꿈을 발굴하기에 앞서 아주 중요한 일은 내면아이 상처 치유가 가장 중요한 과정이다. 내면아이 상처 치유를 하기 전까진 나의 꿈을 향해 오로지 전진을 할 수 없는 이유가 있다. 그것은 우리가 직장 생활을 하고 가정생활을 하며 인간관계를 맺고 사는 사회적 동물이란 사실이다. 어느 순간에 특별히 한 일도 없는데 봄날의 아지랑이처럼 내 마음이 설레고 흥분될 때가 있다. 그 별일 아닌, 대수롭지 않은 일에 나의 내면아이가 기분이 좋은 것이다. '아, 이 아이가 이 일 하니 좋아하는구나.' 알아채고 당신은 그 일을 발전시키려 한다. 아주 기분이 좋다.

　그런데 기분 좋게 가정으로 돌아온 당신은 아내의 잔소리에 숨이 막혀버릴 것 같다. 혹은 반대로 너무 조용한 가족들과 즐겁지 않은 환경이라면 당신은 스멀스멀 짜증이 밀려올 것이다. 참다 참다 폭발할 수도 있고 그 참는 수단으로 술잔을 기울이는 일이 생길 수도 있다. 혹은 직장 사무실에서 내 꿈에 대한 구체적인 방법을 알아보느라 인터넷 검색을 하다 직장 상사에게 주의를 당할 수도 있다. 그렇게 되면 김이 새버린다. 다시 하고 싶지 않은 일을 하거나 퇴근 후 동료들과 상사의 뒷담화를 하며 술잔을 기울이게 될 것이다. 술에 취해 쓰러지듯 뻗어 잠이 들고 다시 지겨운 출근을 해야 한다.

　당신은 설레는 꿈을 전진하기 위해 친한 지인들에게 나의 열정 넘치는 꿈에 관해 얘기한다. 그러나 변화를 두려워하는 사람들은 송충이는 솔잎을 먹으며 살아야 한다며 왜 인생을 고되게 살려 하냐며 충고를 해댄다. 당신은 당신의 친한 지인의 말에 설득당하기 쉽다. 친한 지인이 하는 소리기에 그의 말이 맞는 것 같기도 하다. 모처럼 내면아이가 행복해하는 느낌을 온전히 느꼈는데, 실행만 하면 되는데 주변이 나를 도와주지 않는다. 꿈이 명확하고 잘 짠 계획이 있는 사람은 이런 말들에도 굴하지 않고 꿈을 향해 전진하겠지만 그만큼 확신이 없는 탓에 무너지고 만다.

이 예시를 통해 당신은 무엇을 느끼는가? 바로 핑계가 너무 많다는 것이다. 그리고 중요한 사실은 우리가 살아가는 동안 인간관계는 끊임없이 지속한다는 것이다. 그래서 내면아이 상처 치유가 필요한 것이다. 타인은 내가 좋아하는 말만 골라서 해줄 수 있는 존재가 아니다. 늘 스트레스 발언을 하거나 불평불만을 늘어놓을 수도 있다. 나에게 상처 주는 말만 하는 사람이 있을 수도 있다. 적당한 거리를 두는 것도 오히려 지혜로운 관계유지법이다. 그들의 말과 행동을 바꾼다는 것은 무리이다. 하지만 그들에 대한 나의 반응은 얼마든지 바꿀 수 있다. 차단하고 끊을 수 없는 사이라면 내가 성장하고 발전할 때까지만이라도 거리를 두는 것도 좋은 방법이다.

내면아이의 마음을 살피고 공감하고 알아봄으로써 타인을 이해할 수 있게 된다. 괴테는 "사람은 자신이 아는 것만 들을 수 있다."라고 말했다. 사람은 자신의 기준에서 상대의 말을 듣고 이해하고 판단한다. 자신의 지식만큼 해석해버리니 상대는 그 뜻이 아니라도 내가 아는 수준에서 해석하는 것이다. 이런 과정에 오해와 갈등이 생기기도 한다. 나를 생각한다는 지인의 말이 전부 맞는 말은 아닐 수 있다는 걸 깨달아야 한다. 내면아이와 함께 즐거운 일을 선택하고 굳은 의지로 갈 수 있는 끈기 있는 행동이 내가 나로 행복하게 살 수 있는 길이다.

나의 가까운 어떤 지인과의 관계에서 유난히 상처를 받거나, 화를 내는 일이 많아지거나, 유난히 예민하게 되는 상대가 있다면 거리를 두어야 한다. 이는 내가 아물지 않은 내면아이 상처가 자꾸 건드려져서 나도 모르게 나를 지키려는 방어 행동이 나오는 것이다. 이 관계는 나 자신은 물론 상대와 불편한 대립 속에서 관계만 더 악화될 뿐이다. 나와 상대의 이 숨 막히는 총 겨누기 상황으로 주변 사람들 역시 눈치를 보게 될 뿐만 아니라 좋았던 관계조차 멀어져버릴 수도 있다.

내면아이를 사랑과 공감의 마음으로 알아봐주지 않고 무작정 격려만 하는 일은 폭력이다. 50대 초반의 한 남성이 있었다. 말로는 자신은 사랑 가득한 아빠이고 딸내미라면 목숨도 바칠 수 있다고 했다. 마누라 없인 살아도 딸내미 없으면 못 산다고 딸바보의 전형적인 모습을 보였다. 평소 조용한 집안이어서 아내와 특별히 좋은 관계는 아니지만 그렇다고 이혼할 정도로 싫진 않다고 한다. 대화가 없는 만큼 싸울 일도 없단다. 하지만 어떻게 부부가 살면서 싸움 한 번 하지 않을 수 있겠는가! 하루는 말도 안 되는 작은 일로 부부가 다투게 되었다. 이 남성분을 평소엔 온순하지만, 술 한잔 들어가면 가벼운 이야기에도 분노하는 경향이 있었다.

그날도 아내가 무슨 화를 잘못 건드렸는지 그렇게 사랑하는 딸내미 앞에서 큰소리가 오갔고 심지어는 욕까지 하며 물건을 집어 던졌다. (본인은 가벼운 각 휴지 정도라고 얘기했지만 여기서 중요한 것은 물건이 아니라 행위 자체가 잘못됐음을 인지해야 한다) 집에서 화를 삭이는 소주 한 병을 마시고 아무 일 없는 듯 아내와 딸을 데리고 외식을 하러 나간다. 이 50대 남성 스스로는 딸 앞에서 싸우는 모습을 보인 것 자체에 죄책감을 느꼈을 뿐 그 이후에 딸아이가 겪어야 할 고통을 생각하지 못하는 것이다.

어떤 경우라도 자녀들 앞에서 부모가 싸움하는 모습을 보여서는 안 된다. 순간의 분노를 참지 못해 상황이 벌어졌다면 자녀에게 사과하는 진심을 보여야 한다. 또 반드시 부부가 화해하는 모습을 보여줘야 한다. 그런 과정을 건너뛰면 자녀는 폭력을 쓰는 남자, 술을 먹는 남자를 경멸하면서도 결국 자라온 환경과 비슷한 사람을 선택하게 된다. 이는 어릴 적 바람을 피우는 아빠를 경멸하면서 자란 소녀가 그런 남자를 만나는 경우로도 알 수 있다. 그리고 폭력적인 남편과 이혼을 했는데 재혼하는 남자 역시 폭력적인 남자를 만나는 불운한 여인들의 모습에서도 알 수 있다.

주변에 바람둥이 남편이나, 폭력적인 남편을 두고 있는 여자분들의 경우 절실하게 종교 활동을 하거나 사회 봉사 활동을 하는 것을 많이 볼 수 있다. 이런 여성분들은 남편은 종교 활동에 인도하진 못했지만, 자녀만큼은 종교를 꼭 믿게 한다. 현재의 불행을 종교의 힘으로 버티는 것이다. 인간관계에서 일어난 문제는 상대와 진심 어린 대화를 하고 서로 이해하는 과정이 무엇보다 중요하다. 건강한 가족 구성원은 단합이 잘되어 함께 종교 활동을 한다. 여기서 중요한 것은 관계의 틀어짐을 종교가 아닌 타협과 이해로 풀어야 한다는 사실이다.

이렇듯 나의 꿈, 나의 진로, 지인과의 원만한 관계, 부부 관계, 부모·자식 관계, 사랑하는 모든 일과 관계에서 내면아이 상처 치유는 꼭 필요한 절차이다. 내 안에 사랑이 충만해야 민감하게 대응할 일도 부드럽게 넘길 수가 있다. 앞서 말했듯 사람은 내가 아는 만큼, 나의 크기만큼 지식도 받아들이고 상대를 이해할 수 있기에 나의 내면 근육이 단단해지는 꾸준한 노력을 해야 하는 것이다. 무엇보다 하루 10분 나의 내면아이를 만나는 시간을 꾸준히 갖는다. 나의 현재 몸과 마음의 상태를 애정 어린 눈으로 지켜봐주고 꾸준한 사랑으로 혼자서도 강한 내가 되어야 한다.

나는 운이 참 좋은 사람이다

"미간이 열려야 제3의 눈도 열린다. 그렇다면 어떻게 열어야 할까요?
그냥 웃으면 됩니다."
– 사이토 히토리

분노가 올라올 때 산책을 하고 운동을 해야 하는 이유가 무엇일까? 우선 순간적으로 혼란한 정신을 신체로 분산시킬 수가 있다. 즉 순간적으로 분노를 가라앉히는 역할을 해준다.

하루 20~30분의 산책을 통해 햇빛을 받으며 걸으면, 우리 몸에 필요한 세로토닌이라는 행복 호르몬이 생성된다. 자연에서 기운을 충전하는 방식이다. 이 행복 호르몬인 햇빛을 통해 태양 에너지를 충전한다. 이렇게 매일 20분씩 햇빛을 쏘여주는 것만으로도 수면 리듬을 찾고 식욕이 생기고 신진 대사 호르몬 분비가 좋아진다. 긍정 에너지가 샘솟기 때문에 나의 마음가짐이 즐거워지는 것이다.

　운이 좋은 사람이 되고 싶은가? 나는 언젠가부터 내가 엄청난 운을 가진 사람이란 사실을 알았다. 그것도 한 번도 아니고 시시때때로 자주 느낀다. 『부자의 운』의 저자 사이토 히토리 씨는 말한다. 운이 좋은 사람이 되고 싶으면 그냥 "나는 운이 좋은 사람입니다."라고 말하면 된다고. 처음엔 이 무슨 심심한 말인가. 황당하기 그지없었다. 그런데 생각해보니 너무나 쉬워서 안 해볼 이유가 없었다. 그래서 무작정 따라 하기 시작했다. 또 사이토 히토리 씨는 상사에게 잔소리를 들었을 때도, 경기가 불황이든, 부모님의 건강이 안 좋든, 어떤 시련에 부딪혔을 순간조차도 항상 웃으며 '나는 운이 좋은 사람이다.'라고 말하라고 권한다.

　우리의 잠재의식은 자주 반복되는 것에, 감정이 담긴 것에 반응하는 특징이 있다. 흔히 현재 의식과 잠재의식을 빙산으로 비유를 많이 한다. 수면 위로 올라와 있는 부분이 현재 의식으로 약 10%밖에 되지 않는다. 그리고 수면 밑에 잠겨 있는 나머지 90%가 잠재의식이다. 그렇다면 이 90%의 잠재의식을 나의 운을 깨우는 데 사용해보자. 우리의 뇌는 부정어를 이해하지 못한다. 그리고 1인칭(나), 2인칭(너), 3인칭(그녀, 그)을 구분하지 못한다. 주어를 모두 1인칭(나)으로 이해한다. 평소 싫어하는 사람을 욕하거나 비난하는 것을 '그'가 아닌 '나'로 인식하는 것이다. 그래서 '그 인간은 망해봐야 정신 차리지, 저래서 결혼이나 하겠어? 꼴 좋다.' 등은 결국 나에게 하는 욕인 것이다.

에이브러햄 링컨은 "인간은 스스로 원하는 만큼의 행복을 얻는다."라고 말했다. 그리고 성경 요한복음에도 "아버지께 너희가 나의 이름으로 구하는 것이 무엇이든지 너희에게 주실 것이다. 지금까지는 너희가 내 이름으로 아무것도 구하지 아니하였으나 구하라. 그리하면 받으리니, 너희 기쁨이 충만하리라."라는 말씀이 나온다. 이처럼 우리는 구하기만 하면 되는 것이다. 우리의 잠재의식은 자주 반복하는 그것에 반응하고, 우리의 뇌는 주어를 1인칭으로 이해하는 특징을 이용해보자. 당신의 심장을 통해 이미 이루어진 것처럼 반복해서 소망하는 것을 원하면 잠재의식이 깨어나는 것이다. 당신의 목소리가 담긴 이 기도는 전기와 자기의 파동을 만들어 당신에게 응답을 주게 될 것이다.

"나는 행복한 사람이다." "나는 운이 참 좋아." "나는 예뻐." "나는 나를 사랑해." "내 영혼이 고마워."
우리의 뇌의 또 하나의 특징은 나의 음성을 좋아한다는 것이다. 나에게 수시로 자주 칭찬을 해주면 우리의 뇌는 이미 이루어진 상태의 기도를 듣고 그 방향으로 모든 주파수를 맞춘다. 내가 하는 생각과 말을 가장 많이 듣는 사람은 다른 사람이 아닌 나 자신이다. 나에게 칭찬하는 일을 습관화하면 타인에게 칭찬하는 일도 쉬워진다. 하루 일상이 힘들고 지쳤더라도 잠자리에 들 때만큼은 꼭 나에게 칭찬을 하며 잠들자. 그러면 나의 행복 에너지가 증가한다.

김구 선생은 "좋은 관상은 좋은 심상을 따라가지 못한다."(관상 불여 심상)라고 말했다. 김구 선생께서 『마의상법』이라는 관상학책을 우연히 접해 자신의 관상을 보게 되었다. 그런데 놀랍게도 관상표에 '거지 상'으로 나와 실망하여 자살까지 생각하셨다. 하지만 나쁜 관상을 좋은 마음으로 전환시켜 이미 우리가 아는 훌륭하신 위인이 되셨다. 이를 통해 알 수 있듯이 사람의 외모의 잘남은 마음을 따라갈 수 없다. 우리가 어떠한 시련과 어떠한 나쁜 타인과의 관계에서조차 나를 지킬 수 있는 것은 결국 사람의 곧은 마음인 것이다.

나에게 긍정 에너지를 심어주고 설령 위기에 처한 상황에서조차 '나는 운이 좋은 사람이다.'라고 말하는 순간부터 나의 뇌는 빠르게 회로를 움직이기 시작한다. 맑고 순수하고 착하기까지 한, 이 뇌가 움직이는 순간 잊지 말아야 하는 중요한 사실 한 가지가 있다. 바로 '실행력'이다. 위기에 처한 순간에도, 난감한 문제가 발생한 상황에도 잘 생각해보면 내가 어떤 행동이 있었기에 일어난 일들이다. 돈을 많이 벌어 부자가 되고 싶다면서, 남들이 소비하고 남들이 하는 것 다 따라 해서는 돈이 들어오지 않는다.

좋은 이성을 만나고 싶다면서 씻지도 않고 외모 관리도 하지 않으며, 책도 읽지 않아 머릿속은 텅 비었다. 어떤 이성이 좋아하겠는가! 부모에게 효도하고 싶다고 생각한다. 하지만 어린 시절을 생각하면 늘 희생과 순종을 강요해서 아무것도 할 수 없었던 탓에, 생각만 해도 분노와 억울함이 밀려온다. 그래서 늘 마음만 생각하고 있다면 효도를 할 수가 없다. 마음가짐이 무엇보다 중요한 일이지만 온 마음 다해 기도했더라도 그에 맞는 행동, 즉 실행하지 않는다면 그 어떤 일도 일어나지 않는다.

나의 운을 끌어당기려면 무조건 밖으로 나가야 한다. 운동하든, 산책하든, 서점엘 가든, 문구점에 가든, 은행에 가든 무조건 움직여야 한다. 운은 꽉 막힌 공간에선 절대 오지 않는다. 무조건 열린 곳을 가야 한다. 집 안에서조차 창문을 열지 않으면 바람은 들어오지 않는다. 운은 바람과도 같다. 집 안 환기를 시키려면 창문을 열어야 하듯이 나의 운을 끌어오려면 열린 곳으로 이동해야 한다. 밖에서 끌어오는 운이 결국 집으로 들어온다. 그것은 돈이 될 수도 물건이 될 수도 행복한 마음일 수도 있다.

내가 라이브 카페를 시작할 때 즈음이 가장 많이 고민했고 가장 많이 움직였던 시간이었던 것 같다. 실패를 경험하고 지금껏 안 해본 자영업을 시작하려니 많은 용기가 필요했고 설렘도 컸다. 라이브 카페 시스템을 배우기 위해 밤에는 일했다. 낮에는 잠을 줄이고 부동산을 다니며 매물이 나온 가게들을 보러 다녔다. 집을 보러 다녀보신 분들은 아시겠지만 세상에 이런 가게가 있나 싶은 허름한 가게가 엄청 많았다. 맘에 들고 괜찮다 싶으면 가격은 몇 배가 올라갔다. 심지어는 그런 건물주들은 가격 흥정조차 할 마음이 없다.

하지만 나는 지치지 않고 서두르지 않고 꼼꼼하게 점검했다. 물은 잘 나오는지, 기둥은 어디에 있는지, 구조는 이동하기 편한 동선으로 되어 있는지, 소파가 너무 낮으면 손님들 간에 눈이 마주쳐 불편할 수 있으므로 소파 높이는 적당한지, 주방은 넓고 청결한지, 손님이 쉽게 올 수 있는 위치에 있는지 등등. 이외 월세의 가격, 계약 날짜, 주방기구 선택부터 간판, 명함 의뢰까지 가게 하나를 오픈한다는 것은 많은 노동이 필요했다.

이때 열심히 돌아다닌 결과 내 능력, 내가 가진 돈에 맞는 최적의 상태를 맞추기 위해 기쁘게 돌아다닌 그때 나의 운은 나를 향해 뻗어 있음을 느꼈다. 그 운 좋은 가게에서 경험도 없던 내가 4년을 유지한다는 것은 보통 운이 아니면 있을 수 없는 일임을 나는 안다. 때로 크고 작은 문제도 있지만 이 또한 내가 가게를 유지하면서 더 단단해지는 운 좋은 일일 뿐이다. 나의 운은 여기서 멈추지 않는다. 2020년 봄에 시작된 코로나19 바이러스로 잠시 위기에 처해서 마음이 약해지기도 했다. 하지만 이 위기로 나는 오랜 꿈이었던 제2의 꿈을 이루었다. 바로 『하루 1시간 음악의 힘』의 저서가 탄생한 것이다. 그리고 제3의 꿈이 실현됐다. 바로 유튜버가 된 것이다. 유튜브 채널 '라붐 시크릿 TV'의 운영자가 되어, 내면아이 상처 치유에 관해서 많은 정보를 제공하고 있다. 또 시시때때로 인간관계에 휘둘리는 마음 착한 우리들의 마음 근육을 단련하는 방법과 공부를 계속하면서 좋은 영상을 제공하고 있다. 그리고 첫 번째 책 주제인 음악으로 내면아이 상처 치유를 한 나의 경험을 바탕으로 라이브 카페에서 종종 노래를 불러 듣는 이로 하여금 좋은 추억 여행을 제공하고 있다. 이 모든 일은 고작 1년도 채 걸리지 않았다. 나는 운이 정말 좋은 사람이다.

당신의 운은 당신 스스로 만드는 일이다. 모든 운은 당신이 목표를 정하고 움직이기만 하면 우주는 당신의 뜻을 어김없이 받아들여준다. 운은 당신이 진정으로 원하고 진정으로 행복한! 다른 사람을 위함이 아닌, 당신만의 소망이어야 한다는 사실이다. 지금 바로 거울을 한번 보라. 당신의 눈과 입을 보라. 작년보다 비록 주름이 생기고 잡티가 좀 생긴 것 따윈 신경 쓰지 마라. 당신의 눈과 입이 웃고 있는가? 지금 가슴 뛰게 행복한가? 당신이 행복해야 거울 속의 당신도 웃게 될 것이다.

04

나는 행복한 여행자이다

"나는 아무것도 시도하지 않은 것을 후회하느니
실패를 후회하는 삶을 살겠다."
—『부의 추월차선』, 엠제이 드마코

이번에 부에 관한 이야기를 해볼까 한다. "내면아이 상처 치유와 부와
무슨 관계가 있다고 돈 얘기야?" 하시는 분들도 있을지도 모르겠다. 그
얘기는 지금까지의 나의 책을 읽어오신 분이라면 안 하시리라 믿지만 중
요한 대목이기에 꼭 얘기를 시작한다.

사실 나는 백만장자도 아니고 증권이나 부동산 같은 우리가 흔히 생각
하는 부자라고 생각하는 부류는 아니다. 하지만 내면아이 상처 치유와
부의 관계를 알게 된다면 적어도 지금은 시작할 수 있고 여러분의 자녀

나 형제나 지인들에게 알려줄 수는 있지 않은가! 그리고 지금보다 더 나을 수 있다는데 안 해볼 이유가 없지 않은가!

꽤 오랜 세월 동안 경제 활동을 했고, 나이에 비해 돈을 꽤 벌었는데 저축을 할 수 없고 자꾸 돈이 새어 나간다는 사람들이 의외로 많다. '돈이 들어오지 않아.' '돈은 더러워.' '부자는 나쁜 짓을 해서 부자가 된 거야.' 이런 잘못된 믿음은 이외에도 엄청나게 많다. 어릴 적 가난한 부모님이 돈 때문에 싸우기도 하고, 보증을 잘못 서 집이 날아가고, 친했던 친구에게 돈을 빌려줬는데 돈을 떼이기도 하고, 신용불량 아버지 대신 명의를 빌려줬다가 가압류가 들어오기도 하고, 내 직장처럼 열심히 일했는데 회사가 부도가 나서 월급도 못 받은 채 퇴사를 하고, 자식을 미래의 보험처럼 생각하는 부모님의 용돈을 대느라 본인은 정작 카드 돌려막기 생활하느라 매일같이 부부싸움을 하고….

결국, 이런 일을 겪은 사람들은 친구들을 만나 소주잔을 기울이며 신세 한탄하기에 급급하다. 내 주변엔 크게 사업을 하다 큰 빚더미에 올랐다는 사람은 없다. 그래서 다행이다 싶었다. 하지만 그런 큰 실패가 없었던 탓인지 겉으로는 '돈 돈' 하면서 정작 돈을 벌기 위해 정말 열심히 사는 사람 또한 본 적이 없다. 아이 학원비 걱정하고, 부모님 용돈 걱정하고, 매달 월세 걱정 등. 돈을 정말 많이 벌고 싶다. 그런데 돈을 벌기 위한 노력은 하지 않는다. 예를 들어, 짝사랑하는 여자가 있다고 가정해보자. 그녀에게 잘 보이려면 어떻게든 눈에 띄려고 노력해야 하는 게 기본이다. 그런데 노력은 하지 않고 그저 그 여자가 알아서 자기 마음을 받아들여 자기 여자가 되길 바란다. 세상에 그런 여자는 없다. 당신이 여자라도 그렇게 멍청할 리 없을 것이다.

돈도 마찬가지이다. 자신을 예뻐해주고, 자기를 갖기 위해 온갖 노력이란 노력은 다해야 얻을 수 있다. 자신의 실력을 과대평가해서 아무 노력도 하지 않고서는 하늘에서 돈다발이 뚝 떨어지진 않는 것이다. 자신의 실력이 부족하다고 생각하면 꾸준히 갈고닦아야 한다. 자신의 실력이 대단하다고 여긴다면 그 실력을 타인으로부터 인정을 받아야 한다. 그 인정이 바로 돈으로 증명된다. 만약 자신의 실력은 대단한데 돈을 벌지 못한다면 너무 자만하고 있는 건 아닌지 점검해볼 필요가 있다.

빌 게이츠는 자신의 직원들에게 미국의 경제학자 로빈스의 이론을 소개했다.

"인간의 가치는 인력+자본+열정+능력이다. 업무에 대한 열정이 없으면 그 사람의 가치는 0이다."

또 빌 게이츠는 이렇게 말했다.

"열정은 능력을 이긴다."

이에 대한 설명으로 빌 게이츠는 이 말의 의미를 밝힌다.

"업무에 대한 열정이 없는 사람은 자기에게 주어진 일도 대강대강 한다. 하루의 일과도 그렇고 한 달의 과제도 마찬가지이다. 그런 사람의 일과는 그날그날 시간 때우기, 검사 피하기, 식사시간 기다리기, 월급 기다리기, 휴가 기다리기에서 벗어나지 않는다. 그런 사람에게서 무엇을 기대하는가?"

열정이 뜨거운 사람이 일하는 분위기가 뜨겁고 능률도 오른다는 말이다. 하지만 실력은 있지만, 열정이 부족하거나 없다면 일을 하는 시간보다 말만 많아진다. 심지어는 상사를 가르치는 부하직원까지 발생한다. 요즘 시대엔 예전과 달라 가정이나 회사에 딱히 역할 분담이 없다. 회사에 출근한 순간부터 전쟁터이다. 전쟁터에서 승리를 거두어야 한다. 직장에서의 승리는 돈을 버는 것이다. 돈은 자신의 우월함이 아니라 반드시 사람을 통해서 들어온다. 직장에서 상사의 눈 밖에 나고, 시간 때우기 식의 근무는 돈의 통로를 막는 길이다.

『부자의 운』의 저자 사이토 히토리 씨는 돈을 모으고 싶다면 운을 끌어 올리라고 말한다.

"운세가 좋다는 것은 결국 '옮겨가는 기세가 좋다.'는 뜻입니다. 빈둥거리고 있는 상태를 기세가 좋다고 하지는 않죠. 알아서 척척 일을 해치울 때 기세가 좋다고 합니다."

"직장에서 누군가로부터 부탁을 받았다면 우물쭈물하며 투덜거리는 대신 '예!'라고 즉시 일에 착수하세요. 이런 간단한 행동만으로도 당신의 가치는 확실히 올라갑니다."

부자들은 매사에 긍정적이다. 그리고 밝은 미소를 유지한다. 반면 가난한 사람은 불평불만이 많다. 부정적이며 안 될 이유 찾고 변명하기에 급급하다. 그리고 이미 다 알고 있다고 말한다.

빌 게이츠나, 사이토 히토리 씨는 모두 세계적으로 성공한 대부호이다. 이들의 공통점은 모두 일을 사랑했다는 점이다. 그리고 열정이 있다는 사실이다. 결국, 돈을 벌려면 남다른 열정으로 일을 해야 한다는 결론이 나온다. 우리는 흔히 월급 많이 주는 직장이 최고라고 생각한다. 하지만 진정한 능력은 다른 사람과 같은 급여를 받아도 눈에 띄는 열정을 가지고 일을 하는 사람이다. 만약 당신이 당신 주변 사람들보다 더 많은 급여를 받고 있다면 한번 생각해봐야 할 것이다. 내 업종의 다른 사람보다 많은 급여를 받는 당신이 그만큼의 열정을 갖고 일에 임하는지를. 그 급여를 주는 사장님은 당신에게 그런 열정을 기대해서 대가를 지급하는 것이다. 나태해졌다면 핑계 대지 말고 다시 열정을 갖고 일에 임해야 한다. 그러면 당신의 가치는 더 올라갈 것이다.

미국에서는 일을 통해 즐거움을 느끼며 행복을 느끼며 살아가는 사람들을 '커리어복권'에 당첨된 사람들이라고 부른다고 한다. '크리스 길아보'는 이 단어를 만든 사람이다. 일을 통해 즐거움을 느끼며 사는 사람들은 그만큼 열정이 가득하다. 이 열정을 가득한 사람을 우주님이 그냥 보고만 있을 리 없다. 바로 돈으로 보상해준다. 그러니 더는 '돈 돈' 하며 다닐 필요도 없게 된다. 돈을 번 사람은 반드시 자기 손으로 지출 명세를 확인해야 한다. 번거롭다고 생각한다면 유감스럽게도 당신에겐 돈이 찾아가지 않을 것이다. 내가 힘들게 번 돈이 어느 곳에 얼마가 들어가는지 통로를 알아야 한다. 그래야 줄일 수 있는 지출은 줄이고 부족하다고 느끼는 부분을 위해 더 열심히 일할 동기가 생긴다.

'돈을 버는 것은 힘든 일이고, 돈이 있으면 문제가 발생하고, 돈이 많은 건 나쁜 짓을 해서 번 것이므로 나는 그런 속물이 되지 않을 거야. 즉, 나는 착하게 살 거야.'라는 거짓 믿음을 이제 놓아주자. 돈에 관련된 우리의 믿음은 어린 시절과 밀접한 관계가 있다. 자주 깨닫지 못하고 살아왔지만, 어린 시절 부모님과 돈의 관계 속에서 생긴 당신의 어떤 믿음이 있다. 또 돈에 관한 어떤 모습을 보고 갖게 된 가치관이 내면 깊은 곳 잠재의식 속에 멈춰져 있다. 사실 그것이 참인지 거짓인지 의식하지 못한 채 우리는 어쩌다 어른이 되어버린 것이다.

이제는 믿음을 놓아주어야 한다. 누군가에게 고마움의 표시로 돈을 준다거나, 누군가가 나에게 돈을 줘서 받을 때 부끄럽거나 불편했던 마음을 이제 내려놓아야 한다. 내면아이 상처 치유를 통해 당신은 누구보다 당신을 귀하게 여기게 될 것이다. 누군가를 보살피기 위한 강제적 노동이 아닌, 나를 진정 사랑하는 마음으로 나의 축복을 위해 돈을 벌게 될 것이다. 사랑하는 나를 위해 이제 돈을 써도 된다고 당신 스스로 느낄 때 진정한 삶의 여행자가 되는 것이다.

"수입의 10분의 1만이라도 나를 위해 남겨둬라."

『돈의 진리』에서 사이토 히토리 씨가 한 말이다. 이제부터라도 급여의 10%만이라도 생활비나 저축이 아닌 오로지 나를 위한 돈을 가져본다. 지갑에 현금을 채우고 다닌다. 소비할 때도 현금으로 지급한다. 이는 살아있는 돈을 만들기 위해서다. 내가 아는 후배 한 명은, 현금으로 100만 원이상씩 꼭 지갑에 넣고 다닌다. 그런데 계산을 할 때는 카드로 계산한다. 이는 올바른 돈 사용법이 아니다. 현금을 갖고 다니며 돈과 친해지는 과정도 매우 중요하지만, 다시 돌아올 걸 알기에 기쁜 마음으로 여행을 보내줄 줄도 알아야 한다.

당신은 이제 내면아이와 친밀도를 높이면서 삶이 즐거워진다. 다시 타오르는 열정으로 신나게 일을 하니 인정도 받고 수입도 늘어난다. 수입의 10%를 지갑에 넣고 다니니 세상 살맛이 난다. 영혼의 행복 여행자로서 내면의 자유를 느끼게 된다. 이제 어떤 못된 뱀파이어가 와도 전혀 불쾌하지가 않다. 오히려 콧노래를 부르면서 5살 어린아이가 되어 팔짝팔짝 뛰게 될지도 모른다. 이런 삶이 진정한 삶의 여행자인 우리가 이 지구에 와서 당연히 누려야 할 행복권리가 아닐까?

05
___

내면아이 치유로 삶이 축복이 되다

"넘치도록 사랑을 줄 수 있다면
세상에서 가장 능력 있는 사람이 될 수 있다."
— 에밋 폭스

나는 종종 나의 오랜 반려견 딸기를 데리고 산책하러 다닌다. 나 자신도 산책하는 걸 무척 좋아하지만 우리 딸기도 밖에 나가 풀 냄새, 바람 냄새, 꽃냄새 맡는 걸 좋아한다. 때때로 지나가는 다른 강아지에게 호감을 보이기도 한다. 자기보다 약자라고 생각하면 어른답게 신경 쓰지 않고 자기 갈 길만 갈 줄 아는 멋진 성견이다. 내가 딸기의 행동을 보며 다른 친구들을 어떻게 대하는지 성격을 알 수 있듯이 쉬는 날 가족끼리 외식하는 광경을 보며 가족들 간의 친밀도를 알 수 있다. 나는 부모들과 어린아이 사이의 행동이나 표정을 살펴본다.

아이의 행동을 보면 그 가정의 우선순위와 평화 정도를 유추해볼 수 있다. 아이가 팔짝팔짝 뛰며 엄마 아빠 사이를 번갈아가며 까르르 까르르 웃으며 지나가는 장면은 내가 제일 좋아하는 모습이다. 하지만 그렇지 않은 가족도 꽤 많다. 특히 가정의 안녕을 꽤 정확하게 볼 수 있는 곳은 식당 안에서 식사하는 모습이다. 아이 하나를 사이에 두고 서로 아이를 챙겨주지만 둘 사이는 대화가 없다. 이윽고 식사를 마칠 즈음엔 각자 핸드폰을 붙들고 있다. 아니 아이까지 셋이 핸드폰 삼매경이다. 나는 사실 이런 장면이 가장 마음이 아프다. '저럴 거면 왜 외식을 나오나. 집에서 밥 빨리 먹고 각자 시간을 갖는 게 현명하지.' 그들은 그런 모습조차도 가정을 지키는 방법이라고 설명할 것이다.

내가 사랑받을 만한 존재라는 것을 깨닫기 전까지는 자신을 기분 좋게 하려고 남에게 의존하게 된다. 버림받을까 두려워 전전긍긍한다. 그래서 자신의 자아는 타인의 승인에 중독되어버렸다. 타인의 승인이 곧 자신의 자존감과 행복이라고 믿고 있다. 내가 나로 살아가기보다 상대방의 불만을 사지 않기 위해 나를 희생하기도 한다. 원치 않는 보살핌, 우러러 나오지 않는 금전 지출, 원치 않는 성관계, 원치 않는 손님 초대, 온전히 혼자 있고 싶은 날조차 연인이나 가정의 구성원 역할을 하기도 한다. 하지만 스스로 우러러 나오지 않는, 행복하지 않은 이런 의무적인 행동들은 은연중에 나의 자존감을 깎아 먹는다.

이런 동반 의존적인 관계는 두 사람 모두에게 큰 고통을 준다. 이런 동반 의존 가족이 가장 흔한 인간관계 유형이긴 하지만 사실은 이런 관계에서 역기능 가정이 생긴다는 점에서 문제점이 크다. 역기능 가정이란 부모 중 한 명 이상이 돌보미 역할을 하지 못한 가정이다. 알코올, 일, 섹스, 도벽, 상습 도박자, 아동 학대자, 텔레비전, 약물 중독 등 각종 중독과 통제가 안 되는 질환 등으로 부모가 제 기능을 하지 못한 가정을 말한다. 이런 가정에서 자란 아이들은 어른들에게 제대로 된 사랑을 받지 못하며 자란다.

결국 어려서부터 자신은 가치 없고, 보잘것없으며, 나쁘고, 못됐고, 사랑받을 자격이 없다고 생각하며 수치심에 사로잡히게 된다. 결국엔 자신 때문에 부모님이 사이가 안 좋다고 생각한다. 아이는 자신을 미워한 나머지 각종 범죄를 저지르거나 남에게 상처와 피해를 주면서 또 다른 문제를 발생시킨다. 사람은 항상 공통의 상처에서 동질감을 느낀다. 이 아이는 결국 성인이 되어 같은 냄새가 나는 사람을 만나 다시금 동반 의존 관계를 맺는 가정을 이루고 악순환의 반복이 이루어진다.

수치심이 내재된 사람들이 만나 결혼한 부부는 더는 진취적인 삶을 살 수 없게 된다. 각자의 가정에서 겪었던 상처와 수치심을 들고 와 새로운 가정을 이루는 셈이니 얼마나 불완전한 형태의 모습인가! 그 부부들 사이엔 이미 수치심으로 뭉쳐진 생활이므로 타인은 물론 가족 간에도 친밀감을 가질 수가 없다. 이들은 자신들의 수치심에 똘똘 뭉쳐 끊임없이 불안하고 초조한 상태의 최면을 걸어놓는다. 타인과의 관계에서도 어느 선에 닿으면 타인을 밀어내게 된다. 이 수치심의 부부들은 대화가 거의 없다. 또 부부싸움을 하더라도 효율적으로 싸우지 못하고 서로에게 상처를 주는 싸움을 하게 된다. 서로 더 큰 것을 쟁취하기 위해 경쟁하고 더 큰 힘을 가지기 위해 비난을 하며 이기고 지는 싸움을 반복한다. 서로 간의 상처를 수시로 후벼 판다. 서로에게 동의하지 않겠다는 암묵적인 합의를 이루며 산다. 그래서 대화가 없다. 이들은 이것이 평화로운 삶이라고 규정하며 산다.

마치 같은 배를 탔을지라도 항해하는 데는 관심이 없고 배가 침몰하지 않는 선에서 살아가는 그것과 같다. 그들은 그것이 항해라고 생각하며, 그것이 배를 지키는 최선의 일이라고 생각한다. 이런 가정은 배는 비록 침몰하지는 않았지만 발전과 행복은 찾아볼 수가 없다. 이런 가정에서 아이가 생긴다면 아이는 사회성은커녕 다른 사람과의 관계, 이성과의 관계, 자기 발전 등 자신을 발전시키는 일을 전혀 할 수가 없다. 그 모습을 보여주는 역할 모델 어른이 없기 때문이다. 아이는 다시 부모의 수치심의 삶을 배우게 될 것이고 또 다른 수치심으로 가득 찬 사람들을 골라 만나게 될 수밖에 없다.

마음속에 꽂혀 있는 이 가시는 자기 자신만이 뽑아낼 수 있다. 가시를 뽑을 땐 두려움도 있고 어쩌면 상처가 날 수도 있다. 하지만 그 상처는 자연스레 곧 아물게 될 것이고 그곳에 새살이 돋게 된다는 걸 믿어야 한다. 곧 상처가 아물게 됨을 믿어야 한다. 가시를 꽂고 다닐 때와는 전혀 다르게 자유롭고 그 무엇도 할 수 있는 해방 상태가 된다. 하고 싶은 일을 하고, 하고 싶은 행동을 하고 존재하기는 할까 싶던 행복을 맛보게 된다. 착한 척 행복한 척 연기하지 않아도 된다. 진심으로 행복하기 때문이다. 그리고 무엇보다 중요한 것은, '항해'를 해야 한다고 마음을 먹는 일! 가시를 뽑아버리고 새살이 돋는 것을 허락하는 일이다.

내면아이 상처 치유와 자기계발은 인생에서 가장 중요한 덕목이다. 자기계발은 내면아이의 상처가 치유되면서, 사랑하는 마음이 커지므로 자연스럽게 흘러가는 과정이다. 내면아이 상처 치유를 할 때 한 가지 유의할 점이 있다. 바로 나의 짝꿍 즉 배우자나 애인을 가르치려 하거나 설득시키지 말라는 것이다. "같이 변화하면 더 행복한 거 아닐까요?"라고 묻는 사람이 있다. 하지만 나의 변화와 나의 발전이 우선이다. 당신이 내면아이를 치유하며 성장하는 과정에서 주변의 부정적인 사람들이 눈에 띄게 될 것이다. 사실 그게 잘못된 줄 모르고 인맥을 맺고 오다가 상처 치유 공부를 하면서 '아, 이래서 내가 저 사람을 만나고 오면 화가 났던 거구나.'라고 느끼게 된다. 그래서 그 사람을 사랑하고 아끼는 마음에 함께 변화하기를 원할 것이다.

하지만 그럴 필요는 없다. 내가 먼저 변하면 된다. 내가 먼저 진취적이고 닮고 싶은 사람이 되면 된다. 『백만장자 시크릿』의 저자 하브 에커는 말했다. "빛이 강해지면 어둠은 약해진다." 여전히 도태된 사람은 당신이 빛이 나는 존재로 변했음을 알지 못할 수도 있다. 하지만 대부분은 당신의 변화를 눈여겨볼 것이다. 당신의 발전되고 행복하게 성공한 모습을 보며 닮고 싶은 마음이 들 것이다. 어둠은 찬란히 빛나는 빛을 이기지 못한다. 에너지는 전염성이 강하다. 내가 강한 빛이 되어 찬란히 빛날 때 그들에게 빛의 에너지가 전염될 것이다.

똑같은 상황이 벌어져도 부정적인 사람은 어떻게 해서든 부정적으로 바라본다. 어떻게 이 상황에서 저런 생각을 할 수 있을까 싶을 정도로 부정적인 사람들은 그 관점이 명확하다. 심지어는 비난하고 깎아내리는 데 선수가 따로 없을 정도이다. 그래서 그들에게 그동안 꼼짝 못 하고 휘둘려 온 것이다. 반대로 긍정적인 사람은 바보스러울 정도로 긍정적이다. 이런 사람은 따로 공부해서 터득한 것이 아니라 천성적으로 긍정적이다. 부정적인 사람들로 인해 사이가 나빠질 수도 있고 내 성장을 포기하게 될 수도 있다. 그렇게 되면 혼자 남는 게 두려워 다시 그들의 무리에 남게 되는 악순환이 반복된다.

세상엔 긍정 에너지와 부정 에너지가 존재한다. 굳이 부정 에너지에 감염되어 살 필요가 있을까? 일부러 시간 내서 만나 돈을 써가면서 자리에 지금 있지도 않은 사람의 비난과 험담을 할 필요가 있을까? 하지만 그들을 비난할 필요는 없다. 그 자리에 당신이 안 끼어 있으면 된다. 그리고 한심한 그들을 보면 '저렇게 살면 안 되지.'라고 생각하고 한심한 그들을 내 성장의 각성제로 이용하면 된다. 내 삶을 소중히 여기는 만큼 나의 내면의 행복과 성장을 더 중요하게 여기면 된다.

오로지 내가 빛임을 깨닫길 바란다. 다른 이들과 함께 있어도 즐겁지만 혼자 있어도 즐거운 내가 되면 외로울 틈이 없다. 나는 평일보다 휴일이 더 바쁘다. 글도 써야 하고, 유튜브도 찍고, 냉장고 정리, 화장대 정리, 옷 정리, 화초 가꾸기, 수시로 옷 다림질하기, 딸기와 산책하기, 반찬 만들기 등 한 달에 4번을 나누어 일해야 할 정도로 무척 바쁘다. 내가 하는 일이 안 한다고 꼭 티 나는 일은 아니지만, 이런 소소한 일들을 하면서 이루는 작은 성취감은 내가 더 큰 일을 할 수 있는 의욕을 준다. 도전을 멈추지 않게 한다. 작은 성취 속에 행복을 느낀다. 이런 잡다한 일을 할 때 내면아이는 신바람이 난다. 내가 자기와 소꿉놀이를 하며 놀아준다고 생각한다. 내면아이가 즐거워하는 일은 나도 즐겁다.

06

작은 점들을 연결하다 보니 선이 되었다

"원하는 바를 실현하며 좀 더 나은 삶을 살고 싶다면
지금 이곳에 자신을 데려다 놓은 믿음들,
지금까지 자신에 대해 진실이라고 믿어온 것들을 바꿔야 한다."
— 『확신의 힘』, 웨인 다이어

 의도치 않게 우리 대부분의 사람은 역기능 가정 속에서 자라왔다. 그
안에 가족이라는 끈끈함은 반항도 부정도 못 하도록 우리를 가둬두었다.
심지어는 불행 속에서 아니라는 신호를 받아 자신의 목소리를 내면 '불효
자'라는 호칭으로 다시 빠져나갈 수 없게 만들었다.

 하지만 상처받은 내면아이와 손을 꼭 붙잡고 행복하게 살기 위해선 기
존의 양육 규칙을 깨뜨려도 된다고 나 스스로 허락해주어야 한다. 지금
까지 유지한 관계를 유지하며 '새로운 나'로 태어나기는 힘든 일임을 깨
달아야 한다.

역기능 가정 속에서는 일종의 규칙이 있다. 바로 '말하면 안 돼'라는 규칙이다. 그게 아버지의 외도가 됐든, 배다른 형제의 출생 비밀이든, 범죄자의 집안, 재혼 가정의 혼란이 됐든 말하면 안 된다는 비밀이 형성되어 있다. 가족들 사이의 이 비밀스러운 관계는 하나의 규칙이 되어 다른 사람들의 침범을 철저히 방어한다. 그래서 타인의 어느 정도 침입은 허용하되 어느 선에 다다르면 밀어내기 일쑤이다. 가족이어서 함께 가야 한다는 전우애가 생기는 일은 어쩌면 당연한 일이다. 하지만 그 안에서 빙빙 돌면서 한 인간으로서 사회의 구성원으로서 제 역할을 못 하게 되는 상황까지 발생한다면 다시 살펴보아야 할 필요가 있다.

각자의 삶을 존중하지 않으며 성장을 막는 것이 분명 가족의 진정한 모습은 아닐 것이다. 초등학교 동창이 자신의 가정사를 이야기한 적이 있다. 학창 시절엔 몰랐던 가정사였다. 그 친구는 3살 많은 형이 있었다. 아버지는 어린 시절 어머니와 불화로 일찍 헤어지시고 두 형제와 홀어머니 셋이 살았다. 어머니는 아들 둘을 키우기 위해 식당일이며 잡다한 돈벌이가 되는 일은 뭐든지 하며 친구 형제를 키우셨다. 이 두 형제는 나쁜 아빠를 경멸하며 혼자 남겨진 엄마의 진취적인 아들들, 엄마의 친구, 엄마의 대리인, 엄마의 아빠 역할을 했다. 이러면서 두 형제는 다른 집 형제들처럼 싸움 한 번 하지 않고 역할을 번갈아 하면서 끈끈한 전우애가 다져졌다.

이 친구는 호프집에서 아르바이트했다. 어릴 적부터 많은 아르바이트 경력과 붙임성 있는 성격으로 인기가 많아 또래 친구들보다 급여도 많이 받았다. 그런데 문제는 아르바이트하는 직장에 형이 힘든 일이 생길 때마다 찾아온다는 것이다. 나는 그건 "형한테 말씀드려서 휴일이나 근무 시간과 상관없을 때 오라고 해."라고 충고해주었지만 도통 듣지를 않았다. 자신은 형이 아버지 이상이기 때문에 '거역'을 할 수 없다는 것이다. 출근 시간 한 시간쯤 와서 회사에 잠깐 얼굴을 비추거나 출근 도장만 찍고 나가 형과 술을 마신다. 그리곤 퇴근쯤 아르바이트 가게엘 간다.

또 어떤 때는 아르바이트 하는 호프집에 형과 같이 와서 다른 손님이 있든 없든 여사장에게 욕까지 퍼부으면서 종업원 취급을 한 적도 있단다. 아닌 걸 알지만 우상인 형이 하는 건 거역할 수도 없고 자신의 아빠 이상의 존재이기에 닮아버린 것이다. 최근 코로나로 모든 카페나 호프집 식당들이 밤 9시면 가게 문을 닫아야 한다. 호프집 성격상 오후 늦게나 문을 열고 새벽까지 영업하는 가게엔 큰 타격을 입을 수밖에 없는 사회 풍경이다. 오후 5시에 문을 여는 가게에 출근한 후에 형이 온다는 일방적인 전화를 받고 나가 저녁 9시에 아르바이트 가게에 들어갔다는 것이다.

내가 최근에 본 가장 비극적인 역기능 가정의 모습이다. 나의 발전에도 지나친 방문이나 일에 방해되는 방문은 허용해서는 안 된다. 내가 이 이야기를 하게 된 이유는 그 두 형제가 이 문제를 문제라고 생각하지 않는다는 것이 문제이기 때문이다. 사회는 한 가정의 놀이터가 될 수 없다. 동생이 삐뚤어지면 형이 타이르고 잡아줘야 할 텐데 형이 동생의 근무 시간에 불러내는 행위는 생업에 지대한 피해를 주는 일이다. 또한, 사람들의 입소문에 그 동생은 더는 성실한 직원이 아니므로 취업도 힘들어진다. 이런 형태의 가족관계는 서로 돌보미 역할을 함으로 의로워 보일지는 모르나 결국 사회의 비난을 받을 수밖에 없는 가족 체계일 뿐이다.

하지만 앞서 말했지만, '대부분의 가정사를 파고들면 문제가 없는 가정이 없다'는 말이 있을 정도로 문제 속에 살고 있다고 해도 과언이 아니다. 역할 중독에서 이제는 벗어나야 한다. 다른 사람의 칭찬을 받으려고 무언가를 꼭 해야 하고, 거짓된 가족 체계의 역할을 위해 모든 걸 내어주어야 했던 나를 이젠 내려놓아야 한다. 모든 걸 내어줘야만 심지어 건강이 허락되지 않는 상황에서조차 가족 구성원의 역할을 하는 것은 너무 위험한 일임을 깨달아야 한다. 나 자신은 이미 존재 자체로 가치 있고 사랑스럽다는 것을 깨닫는 이 자각은 당신의 개인적인 성장 단계에 아주 중요한 일이다.

정말로 현재 상황을 바꾸기 위해 당신이 할 수 있는 일 따위는 없다고 믿는가? 남들도 다 이렇게 살고 있다며 자신을 타당화하고 있지는 않은가? 좀 더 나은 삶을 살고 싶지 않은가? 어제와 똑같은 일을 오늘도 하고 내일도 한다면 당신이 오늘 푸념하는 삶이 미래에도 반복될 거라는 사실은 이미 알 것이다. 같은 수준의 사람만 만나며 매일 같은 주제로 같은 푸념의 시간을 보냈을 때 얻는 것은 무엇인가? 세월 따라 흐른 나이와 점점 악화된 조마조마한 자신의 육신뿐일 것이다.

아장아장 걷는 예쁜 딸아이를 둔 부모라고 가정해보자. 함께 산책을 위해 운동화를 신겨준다. "이 신발은 오른쪽, 이건 왼쪽에 신는 거야." 그리고 운동화 끈을 매는 방법을 가르쳐줄 것이다. 처음엔 서투른 예쁜 아이 모습조차도 깨물어주고 싶을 만큼 귀여울 것이다. 몇 십 번의 실패를 반복할 수도 있다. 하지만 결국 아이는 부모님의 지도로 신발 신는 법을 배우고 마침내 산책을 할 수 있게 된다. 팔짝팔짝 뛰기까지 한다. 이제 신발 신는 방법으로 엄마 아빠를 귀찮게 하는 일도 없을 것이다.

성숙하지 못한 이미 성인이 된 자신의 형제자매가 집이며 회사로 수시로 찾아와 운동화 끈을 매달라고 떼를 쓰는 상황이라면 그때도 올 때마다 운동화 끈을 매어줄 셈인가? 그것이 가족의 끈끈한 정은 아닐 것이다. 몇 번 가르쳐주고 올바로 맬 수 있도록 그에게 기회를 주어야 한다. 올 때마다 끈을 매주고 심지어는 전우애라는 핑계로 업어주기까지 한다면 당신은 자신의 형제의 발전 기회를 막고 있다. 당신의 발전과 형제의 발전을 위해 그가 홀로 설 기회를 주어야 한다. 같은 수준의 사람은 그저 반복되는 지식만 공유할 뿐이다. 그것은 당신의 성장에 전혀 도움이 되지 않는다.

나의 내면아이 성장과 더 멋지고 크기 위해선 나의 자발적인 노력이 중요하다. 내가 지금껏 살아온 삶 중에 잘못 걸어온 길은 없다. 그 숱한 방황과 실패와 절망은 당신의 멋진 미래에 탄탄한 거름이 되어줄 것이다. 보잘것없이 살아왔다고 생각했던 나의 인생의 작은 점들을 연결해보자. 어느새 믿을 수 없게 선이 되어 있을 것이다. 더 놀라운 것은 이제부터의 점들은 내가 의도한 대로 찍어 나갈 수 있다는 것이다. 지금부터 되고 싶은 '나'만 생각하자. 되고 싶지 않고 실현하고 싶지 않은 끔찍한 일들은 상상조차도 하지 마라.

우선 내가 무엇을 원하는지, 내가 무엇을 할 때 가장 행복한지 그 행복에 초점을 맞추자. 언젠가 나는 가족을 위해 억지로 무언가 하는 동생의 불행한 얼굴을 보면서 "가기 싫지? 그 일 하고 싶지 않지?"라고 물은 적이 있다. 그랬더니 그 동생이 고개를 끄덕이면서 "너무 싫어. 하지만 어쩔 수 없잖아."라며 쓸쓸히 걸어가는 뒷모습을 본 적이 있다. 그 아이의 뒷모습을 보며 나는 문자를 보냈다. '그 무엇이 됐든, 언제나 네 행복만 생각해. 늘 행복한 일만 선택해. 넌 충분히 잘하고 있어.'

그 동생에게 내면아이 상처 치유에 대해 자세히 말해주고 싶었지만, 생소한 내면아이 부분을 설명하기엔 시간이 너무 부족했다. 많은 이들이 원치 않는 일들을 의무감에 하고 있다. 내가 즐겁지 않은 일을 하고 있다는 것은 내면아이와 또 하나의 벽을 만드는 일이기도 하다. 나의 불행과 역기능 가정의 잘못된 방식을 지금 수정하지 않으면 5대에 거쳐 내려간다는 사실을 잊지 않아야 한다. 나의 불행을 나의 선에서 수정하지 않으면 나의 불행이 죽을 때까지 이어질 뿐만 아니라 당신의 자녀 또한 당신의 불행을 이어받게 될 것이다. 하지만 이제는 내면아이 치유로 나와 가족과 사랑하는 사람이 행복한 축제의 시간이 될 것이다. 당신의 성장으로 인해서!

07

나중이 아니라 당장 행복하다

"언제나 우리 웃을 수 있는 아름다운 얘기들을 만들어가요.

...

길을 걷다 마주치는 많은 사람 중에, 그대 나에게 사랑을 건네준 사람."

– 〈보랏빛 향기〉, 강수지

요즘엔 노래 리메이크하는 프로들이 많아져서 옛날 노래도 요즘 20대가 많이 안다. 이 〈보랏빛 향기〉는 내가 중학교 때 나온 노래이다. 많은 가수들의 편집된 노래로도 대중적으로 알려진 노래이다. 어느 따뜻한 봄날이었다. 산책을 마치고 집에 돌아오던 길에 나는 문구점에 들러 노트와 펜을 샀다. 나의 내면아이는 문구점 가는 걸 무척 좋아한다. 산책도 무척 좋아한다. 어린 내가 되어 산책도 하고, 예쁜 노트도 사니 내면아이가 신바람이 났다. 집 앞 근처에 도착했을 즈음 커피숍에서 강수지 언니의 〈보랏빛 향기〉가 흘러 나왔다. 나는 우두커니 서서 발까지 까딱까딱

하며 노래를 끝까지 들었다. 행복했다.

집에 들어오니 딸기가 꼬리를 흔들며 반갑게 나를 반겨주었다. 너무너무 행복했다. 산책한 뒤라 배에선 꼬르륵 소리가 났지만, 그 소리를 들려주는 배조차 정말 감사하고 행복했다. 아무리 바쁜 일상이라도 나에게 하루 1시간만 선물해보자. 나의 첫 저서 『하루 1시간 음악의 힘』이란 제목처럼 내가 좋아하는 일을 하루 딱 1시간만 선물해보자. 운동해도 좋고, 음악을 들어도 좋고, 독서를 해도 좋다. TV 시청이나, 게임이나, SNS가 아닌 진취적이고 발전적인 의미 있는 일로 딱 1시간만 선물해주자. 하루가 24시간인데 나를 위해 그 정도쯤은 허락해줘도 되지 않을까?

행복한 그 1시간을 보내면서 점점 재밌는 일이 생겨난다. 하고 싶은 일이 생겨난다. 나의 부모나, 나의 짝꿍이나, 나의 아이가 아닌 오로지 내가 행복하고 시간 가는 줄 모르는 그런 재밌는 일이 바로 당신의 내면아이가 원하는 일이다. 내면아이의 수락이 떨어진 일은 절대로 제자리걸음을 하지 않는다. 어떤 방법으로든 진취적이 된다. 내면아이와 관계가 좋아지면 나의 말투부터 달라진다. 아무리 험상궂은 어른이라도 해맑게 웃는 아이에게는 목소리 톤부터 아이의 톤으로 달라진다. 우리 내면아이에게 그렇게 다정하게 얘기해주면 된다.

그리고 많이 울자. 오늘의 행복을 내일로 미뤄두지 말자. 우리나라 교육상 남자는 태어나서 딱 3번만 울어야 한다고 교육받았다. 하지만 치유되지 않은 채 역기능 가정에서 태어난 당신은 수치심과 분노로 가득 차 있다. 가슴속의 상처받은 어린아이와 어쩌다 어른이 된 '나'는 끊임없이 부딪히며 살아왔다. 이 글을 읽은 당신은 이제부터 속상할 땐 무조건 울어라. 성인이 된 우리는 안전한 사람 앞에서만 울 수 있다. 그 편안한 사람 앞에서 그냥 펑펑 울어도 된다. 독일 속담에 '가장이 울어야 가정이 행복하다'는 말이 있다. 울어야 정신 건강에 좋다.

이제 나에게 새로운 것을 허락해주자. 사람들로 상처받고 분노했던 지난날을 원망하지 마라. 지금 당신에게 존재하는 모든 것은 모두 당신의 책임이다. 타인을 비난하지 마라. 우리의 현재 모습은 내가 지난날 생각했던 결과물이다. 『호오포노포노』의 공동 저자인 휴렌 박사는 "모든 일은 내 잘못, 내 책임이다. 치유해야 하는 건 그들이 아니라 당신 자신이다."라는 말을 했다. 우리는 타인으로 인해 상처를 받지만 결국 모든 책임은 나에게 있다는 말이다. 상대가 나에게 상처를 주는 것은 나의 허용 탓이고 그만큼 그릇이 작았던 당신의 탓이다.

불운한 사람은 입이 거칠다. 남을 비난하고 욕을 하며 좋지 않은 소문 떠들기로 시간을 허비한다. 그런 이들에게 당신의 황금 같은 시간과 찬란한 에너지를 허용하지 말자. 행운이 가득하고 고운 목소리로 고운 언어를 쓰는 사람을 가까이하자. 늘 행복하지 않다고 노래를 하는 사람을 만나지 말자. 그런 사람들은 어떤 사람, 어떤 상황이 와도 행복을 찾을 줄 모르는 사람이다. 사랑의 언어를 사용할 줄 모르는 사람은 자신을 사랑하지 않는다는 뜻이다. 어떤 상황이 와도 행복의 길만 선택하자.

내가 사랑하는 사람을 서운하게 하지 말자. 잘 알지도 못하는 타인을 처음 대할 땐 그렇게 깍듯하고 친절하게 대하면서 내 곁을 지켜주는 고운 사람에게 왜 쓰레기를 쏟아붓는가! 사랑의 마음으로 공감의 언어를 사용해야 한다. 깊은 공감과 사랑의 언어는 동물도 변화시킨다. 여기 내가 너무 좋아하는 따뜻한 이야기가 있어 소개하고자 한다. 이 이야기는 『관계에도 연습이 필요합니다』의 저자 박상미 박사님을 통해 알게 된 내용이다.

에버랜드에 코식이라는 코끼리가 있다. 28살인 코식이는 태어나서부터 사람과 같이 살았다. 코끼리는 원래 군집 생활을 하므로 혼자 떨어져 지내게 되면 깊은 우울증에 걸린다. 그런 코식이를, 김종갑 사육사가 자기 아내의 출산을 미뤄가면서까지 애정 어린 신체 접촉과 사랑으로 보살피게 된다. 코끼리는 발음할 수 없는 구강 구조로 되어 있다. 윗입술이 없고 코로 덮여 있기 때문이다. 코끼리의 언어는 인간의 귀에 들리지 않는 20헤르츠의 낮은 진동 발음이다. 그런 코식이가 코를 말아서 입속에 넣었다 빼기를 반복하면서 연습을 한다. 그렇게 해서 하게 된 말이 "좋아, 좋아."였다. 김종갑 사육사가 평소에 "코식아 좋아? 코식아 좋아?"라고 하면 코식이에게 자주 했던 말이다.

한국에 말을 하는 동물이 있다는 말을 듣고 독일의 언어학자와 오스트리아 언어학자가 한국을 찾아와 코식이를 연구했다. 연구 끝에 유명한 과학 저널에 논문을 실었다. 과연 코식이가 말을 하게 된 비밀은 무엇인가? 바로 사육사와의 감정 소통을 위해 끊임없이 노력해서 인간의 발음을 하게 됐다는 것이다. 사육사가 집으로 돌아간 밤에 코식이가 끊임없이 발음 연습을 한 결과물이다. 감정 소통은 이처럼 동물도 말을 할 수 있게 할 만큼 중요한 일이다. 인간관계에서도 끊임없이 나의 감정을 얘기하고 타인의 감정을 수용하는 열린 마음이 필요하다.

별 생각 없이 상대방에게 상처를 주는 사람도 있지만, 작은 일에도 쉽게 상처를 받는 사람들도 있다. 모든 사람이 상대방을 잘 이해하고 배려 깊은 말을 하면 좋겠지만 그 전에 나의 마음부터 알아차려야 한다. 너무 쉽게 상처를 받는다면 내면아이의 상처 치유가 안 되어 어느 부분에 자꾸 걸리는 것이다. 그 상처받은 말을 특정한 한 사람이 해서 상처를 받은 게 아니다. 다른 사람이 같은 말을 해도 상처를 받게 됐을 것이다. 그 부분에서 마음의 상처가 너무 깊은 탓이다.

당신 마음속에 어두운 방 안 모퉁이에서 울며 엄마를 기다리는, 상처받은 어린아이가 있다. 그 시절 버림과 상처 속에서 머물러 엄마의 사랑의 손길을 기다리는 어린아이. 그 아이가 아직도 기다리고 있다. 이젠 엄마는 오지 않는다는 걸 성인의 당신이 어린 당신에게 알려주어야 한다. 속 시원히 울고, 상실하고 울어내야 한다. 그리고 이제껏 하늘 한 번 못 보고 자신을 알아봐달라고 수시로 알림 신호를 줬던 이 아이의 손을 잡아주어야 할 때이다. 마음껏 놀게 하고, 마음껏 배움의 기회를 제공하고, 아이와 공존하며 새로운 삶을 살아가야 한다.

심리학자 칼 로저스는 말했다.

"따뜻함, 수용, 돌봄, 무조건적인 존중이 심리 치료의 필수 요소이다."

나의 상처받은 내면아이의 눈을 바라보고 손을 잡아주고 깊은 공감을 해주자. 마음속에 슬픔과 분노와 같은 부정적인 감정이 가득 차 있으면 좋은 습관도, 찬란한 미래도, 새로운 인간관계도 받아들일 수 없다. 우주는 진공 상태를 싫어한다. 내 마음에 공간을 확보하고 새로운 걸 수용하며 허락해야 한다. 그것이 우리가 지구상에 온 축복받은 존재로 살아가는 최초의 길이다.

우주의 사랑은 내가 많은 걸 가져도 다른 사람에게 더 줄 수 있을 만큼 무한하다. 내가 가져서 남들의 것을 빼앗는다는 생각은 버려야 한다. 나는 늘 평화롭다. 나는 늘 만족스럽다. 나는 사랑 그 자체이다. 우주는 나의 편이다. 나는 충분히 행복해도 된다는 걸 믿자. 부정적인 어떤 감정도 어떠한 순간에도 허락하지 말자. 다른 사람의 관점이나 지식으로 나를 흔들도록 허락하지 마라. 나와 내면아이가 일치되면서 창조될 사랑! 그것에만 집중하라. 나중이 아니라 당장 행복해진다.

에필로그

당신의 천사 같은 내면아이가
성공의 길에 늘 함께할 것입니다

이 책을 모두 읽은 당신은 정말 대단한 분입니다. 내면아이 상처 치유 부분은 사실 일반인들에게 생소할 수 있는 부분인데도 모두 읽으셨습니다. 정말 대단하시고 멋지십니다. 자수성가한 모든 부자들은 부자가 됐다고 안심하며 멈춰 있지 않습니다. 더 좋은 아이디어를 떠올리고, 좋은 제자를 양성하고, 부를 지키기 위해 더 노력하고, 기부 활동도 많이 합니다. 내면아이 상처 치유를 통해 여러분 마음에 활활 타오르는 찬란한 태양을 맞이하셨을 겁니다. 하지만, 부자들이 안주해 있지 않는 것처럼 여러분도 마음을 놓고 계시면 안 됩니다.

타인을 더 배려 깊은 눈으로 이해해주고 공감해주는 사람으로 거듭나시길 바랍니다. 내면아이는 어느 한 부분에만 있는 것이 아닙니다. 여러 마음에 수시로 관심을 주고 사랑으로 돌봐줘야 할 존재입니다. 가끔 내면의 마음이 흐트러진다면 다시 한 번 이 책을 읽고 다시 일어서길 바랍니다. 내면아이 상처 치유로 내 안에 사랑이 충만해졌는데, 치유했을 때나 안 되었을 때나 늘 수용할 수 없는 사람이 있을 수도 있습니다. 그 사람을 변화시키려 하지 마세요. 그 인연은 과감히 놓아주어야 합니다. 아픔을 주는 사랑은 더는 인연이 될 수 없습니다.

없는 것을 탓하며 자신을 스스로 괴롭히지 말고, 당신 안에 충만한 사랑에 집중하세요. 그 안에서 여러분의 열정을 깨우시길 바랍니다. 돈을 벌고 싶다면 돈을 버는 일에, 운을 벌고 싶다면 운을 버는 일에, 사랑을 원한다면 사랑을 하는 일에 초점을 맞춰야 합니다. 그 간절한 초점이 어떤 시련이나 역경이 와도 흔들리지 말아야 합니다. 내 초점이 분산되면 내 고급 에너지를 원하는 일에 집중할 수 없습니다. 될 일만 생각하세요. 당신이 소망하는 그 일이 모두 이루어졌다고 믿으세요. 그 속에 이미 사는 것처럼 행동하세요. 당신의 천사 같은 내면아이가 성공의 길에 늘 함께할 것입니다. 미리 축하드립니다. 사랑 충만한 당신의 얼굴에 행복 꽃이 피었어요.

늘 언제나 좋은 것만 드세요. 늘 언제나 내가 기분 좋은 일만 하세요. 늘 언제나 내가 하는 일에 감사하세요. 늘 언제나 내가 행복한 길을 선택하세요. 타인의 쓰레기통 역할을 과감히 내려놓으시고 언제나 좋은 것만 누리세요. 당신은 그럴 만한 충분한 가치가 있는 분입니다.

나의 내면아이를 인지할 수 있게 도와준 악연이라는 이름들의 분들, 감사합니다. 내면아이와 힘든 전투를 할 때 늘 곁에서 묵묵히 응원을 아끼지 않고 사랑을 주었던 엄마, 우리 오빠들, 가족들, 찐빵 가인 오빠, 내 오랜 친구 문진이, 사랑과 채찍을 주었던 현구, 정신적 지주 은진 언니, 따뜻한 호원 오빠, 예쁜 혜지, 언니 같은 동생 경진이, 음악 천재 마스터 오빠들, 그 외 크고 작은 사랑으로 나를 응원해주는 상현이, 진아, 윤서, 연수동 상가번영회 회장님 외 모든 사장님 너무너무 감사합니다. 베풀어주신 사랑으로 저도 많이 베풀면서 살겠습니다. 마지막으로 14년을 늘 한결같이 내 곁에 있어준 나의 반려견 딸기야 고마워.

모든 천사 같은 분께 이 책을 바칩니다.